A RETÓRICA COMO INSTRUMENTO LEGITIMADOR DA PRISÃO CAUTELAR PREVENTIVA

Editora Appris Ltda.
1.ª Edição - Copyright© 2024 do autor
Direitos de Edição Reservados à Editora Appris Ltda.

Nenhuma parte desta obra poderá ser utilizada indevidamente, sem estar de acordo com a Lei nº 9.610/98. Se incorreções forem encontradas, serão de exclusiva responsabilidade de seus organizadores. Foi realizado o Depósito Legal na Fundação Biblioteca Nacional, de acordo com as Leis nᵒˢ 10.994, de 14/12/2004, e 12.192, de 14/01/2010.

Catalogação na Fonte
Elaborado por: Dayanne Leal Souza
Bibliotecária CRB 9/2162

C514r 2024	Chediak, Jackson A retórica como instrumento legitimador da prisão cautelar preventiva / Jackson Chediak. – 1. ed. – Curitiba: Appris, 2024. 157 p. : il. ; 21 cm. – (Coleção Linguagem e Literatura). Inclui bibliografias. ISBN 978-65-250-6918-0 1. Retórica. 2. Argumentos. 3. Prisão cautelar. 4. Elementos persuasivos. 5. Clamor público. I. Chediak, Jackson. II. Título. III. Série. CDD – 370.14

Livro de acordo com a normalização técnica da ABNT

Appris editora

Editora e Livraria Appris Ltda.
Av. Manoel Ribas, 2265 – Mercês
Curitiba/PR – CEP: 80810-002
Tel. (41) 3156 - 4731
www.editoraappris.com.br

Printed in Brazil
Impresso no Brasil

Jackson Chediak

A RETÓRICA COMO INSTRUMENTO LEGITIMADOR DA PRISÃO CAUTELAR PREVENTIVA

Appris
editora

Curitiba, PR
2024

FICHA TÉCNICA

EDITORIAL
Augusto Coelho
Sara C. de Andrade Coelho

COMITÊ EDITORIAL
Ana El Achkar (Universo/RJ)
Andréa Barbosa Gouveia (UFPR)
Antonio Evangelista de Souza Netto (PUC-SP)
Belinda Cunha (UFPB)
Délton Winter de Carvalho (FMP)
Edson da Silva (UFVJM)
Eliete Correia dos Santos (UEPB)
Erineu Foerste (Ufes)
Fabiano Santos (UERJ-IESP)
Francinete Fernandes de Sousa (UEPB)
Francisco Carlos Duarte (PUCPR)
Francisco de Assis (Fiam-Faam-SP-Brasil)
Gláucia Figueiredo (UNIPAMPA/ UDELAR)
Jacques de Lima Ferreira (UNOESC)
Jean Carlos Gonçalves (UFPR)
José Wálter Nunes (UnB)
Junia de Vilhena (PUC-RIO)

Lucas Mesquita (UNILA)
Márcia Gonçalves (Unitau)
Maria Aparecida Barbosa (USP)
Maria Margarida de Andrade (Umack)
Marilda A. Behrens (PUCPR)
Marília Andrade Torales Campos (UFPR)
Marli Caetano
Patrícia L. Torres (PUCPR)
Paula Costa Mosca Macedo (UNIFESP)
Ramon Blanco (UNILA)
Roberta Ecleide Kelly (NEPE)
Roque Ismael da Costa Güllich (UFFS)
Sergio Gomes (UFRJ)
Tiago Gagliano Pinto Alberto (PUCPR)
Toni Reis (UP)
Valdomiro de Oliveira (UFPR)

SUPERVISORA EDITORIAL
Renata C. Lopes

PRODUÇÃO EDITORIAL
Adrielli Almeida

REVISÃO
Camila Dias Manoel

DIAGRAMAÇÃO
Jhonny Alves dos Reis

CAPA
Kananda Ferreira

REVISÃO DE PROVA
William Rodrigues

COMITÊ CIENTÍFICO DA COLEÇÃO LINGUAGEM E LITERATURA

DIREÇÃO CIENTÍFICA
Erineu Foerste (UFES)

CONSULTORES
Alessandra Paola Caramori (UFBA)

Alice Maria Ferreira de Araújo (UnB)

Célia Maria Barbosa da Silva (UnP)

Cleo A. Altenhofen (UFRGS)

Darcília Marindir Pinto Simões (UERJ)

Edenize Ponzo Peres (UFES)

Eliana Meneses de Melo (UBC/UMC)

Gerda Margit Schütz-Foerste (UFES)

Guiomar Fanganiello Calçada (USP)

Ieda Maria Alves (USP)

Ismael Tressmann (Povo Tradicional Pomerano)

Joachim Born (Universidade de Giessen/ Alemanha)

Leda Cecília Szabo (Univ. Metodista)

Letícia Queiroz de Carvalho (IFES)

Lidia Almeida Barros (UNESP-Rio Preto)

Maria Margarida de Andrade (UMACK)

Maria Luisa Ortiz Alvares (UnB)

Maria do Socorro Silva de Aragão (UFPB)

Maria de Fátima Mesquita Batista (UFPB)

Maurizio Babini (UNESP-Rio Preto)

Mônica Maria Guimarães Savedra (UFF)

Nelly Carvalho (UFPE)

Rainer Enrique Hamel (Universidad do México)

O caráter pessoal do orador alcança a persuasão quando ele nos leva a crer no discurso proferido. Acreditamos mais nos homens de bem por serem mais preparados e íntegros do que os outros.

(Aristóteles)

À minha família.

AGRADECIMENTOS

Aos meus filhos, Hagnes, Juliana, Guilherme e Gustavo, por compreenderem minha ausência durante as aulas em São Paulo e o tempo dedicado à pesquisa. À minha esposa, Taiane Cortez de Souza Chediak, pelo apoio na jornada acadêmica. Aos meus pais, Jorge e Lucy, por sempre acreditarem em mim. Aos meus amados irmãos, Jacobson e Jackeline. Agradeço de modo especial às minhas irmãs Sorhaya, amiga e parceira de doutoramento, e Sheylla, pelo incentivo e estímulo à pesquisa.

APRESENTAÇÃO

Meu interesse em escrever sobre o tema parte de experiência profissional e, também, acadêmica. Fiz a primeira graduação em Letras/Português e a segunda em Direito, o que contribuiu no interesse em temática que contemplasse as duas áreas de formação.

Assim, a linguagem como ferramenta de dominação e aplicada ao Direito, especificamente nas prisões cautelares preventivas, tornou-se um interessante objeto de estudo.

Na continuidade de minha formação acadêmica, cursei o mestrado na área da Ciências Sociais e Jurídicas, oportunidade em que pesquisei sobre a criminalização da pobreza nos decretos judiciais preventivos, tendo produzido a pesquisa intitulada "Prisão preventiva: reflexões a partir de seus limites jurídicos e de alguns casos concretos".

A atuação nas duas áreas levou-me a perceber quanto a linguagem pode ser usada para causar efeitos opostos à própria lei.

Em contato com o Grupo de Estudos Retóricos e Argumentativos (ERA), aprofundei meus estudos na área da retórica.

Então, aos poucos o tema central desta pesquisa delineou-se, com foco na retórica, mais especificamente no que tange ao seu uso como instrumento legitimador da prisão cautelar preventiva.

Desse modo, a temática desta investigação insere-se nos estudos de texto e discurso na modalidade escrita e sua relação com o Direito.

Conforme explica Mateus[1], a retórica é uma atividade persuasiva, que influencia e direciona as pessoas a determinados assuntos, sustenta interesses ou ideias; portanto, a retórica pode ser usada como instrumento para validar decisões, até mesmo no âmbito legal.

---

[1] MATEUS, Samuel. **A introdução à retórica no séc. XXI**. Covilhã: Labcom-IFP, 2018.

Nessa perspectiva, vale introduzir os conceitos iniciais de norma jurídica, retórica jurídica e argumento, para, na sequência, abordar o problema de nossa pesquisa.

A norma jurídica busca objetividade e, por essa razão, possibilita formas de interpretação para alcançar o propósito da lei. Isso ocorre porque a lei é ampla e precisa ser encurtada; ou muito curta e carece de extensão.

A retórica jurídica ou forense tem importante papel e, por essa razão, não deve ser compreendida como arte de adornar ou produzir efeitos superficiais na fala e/ou escrita, mas sim como uma técnica aplicada para desvelar a verdade, o mascaramento de fatos e falácias que podem servir, de alguma sorte, a mecanismos de controle.

A retórica não é um estudo ou prática que se esgotou em séculos passados, já que ela é perceptível na política, no Direito, nas mensagens midiáticas, nos discursos polarizados, ou mesmo quando falamos para alcançar no outro nosso entendimento e compreensão sobre o mundo, por meio de argumentos e persuasão.

Historicamente, a persuasão é inerente às relações sociais nas diversas culturas/sociedades. Os conhecimentos sobre retórica foram registrados por antigos filósofos gregos, dentre os quais se destaca Aristóteles[2], que ordenou a construção dos discursos persuasivos e o exame depurado de suas formas. O filósofo encarou a retórica como uma arte que buscava descobrir os tipos de persuasão para vários argumentos. Nos estudos de Aristóteles, é perceptível a divisão entre retórica, moral e verdade: a retórica, segundo ele, não é a arte de enganar ou iludir pessoas, pois seu uso depende da moral e dos valores de quem a utiliza.

A legislação brasileira busca adaptar regras processuais incompatíveis com o princípio constitucional da presunção de inocência; entretanto, é possível percebermos desencontros entre os decretos preventivos e as normas reformadoras, devido à possi-

---

[2] ARISTÓTELES. **Retórica**. Tradução, textos adicionais e notas de Edson Bini. São Paulo: Edipo, 2011.

bilidade retórica de argumentação e/ou persuasão. Como exemplo, podemos apontar os argumentos com base em: ordem ou clamor público, ordem econômica, gravidade do crime, conveniência da instrução ou garantia da aplicação da lei penal.

As leis reformadoras buscam, de certa forma, impedir argumentos em contrariedade à norma processual. Soma-se a isso o momento de polarização histórica em que vivemos, que se agrava com o uso das tecnologias digitais da informação e comunicação para fins de interação social. O clamor social é estimulado e/ou propagado pela mídia e, muitas vezes, ecoa nas decisões judiciais e construções argumentativas em defesa de determinado ponto de vista. Dessa forma, a retórica jurídica pode servir para convencer o que a lei proíbe ou desvendar interpretações equivocadas, que violam direitos fundamentais ou transgridem normas.

Considerando o panorama apresentado, compreendo a retórica como instrumento legitimador da prisão cautelar em três decretos preventivos, sendo dois do Judiciário de Rondônia e um outro de repercussão nacional. Então, procuro identificar argumentos nos decretos preventivos como fundamento da prisão cautelar, bem como verificar, nesses decretos, os elementos persuasivos relacionados ao sentimento moral de conformidade do auditório, e por fim o analiso de que maneira o medo é inserido nos argumentos do julgador para convencer os jurisdicionados da legalidade do decreto.

O autor

PREFÁCIO

Jackson Chediak é um professor e um advogado que enveredou pelos caminhos da academia e traçou um percurso sólido e profícuo, tanto em sua trajetória no mestrado quanto no doutorado, que aqui se torna acessível para leitores ávidos por esclarecimentos e/ou aprofundamentos sobre *A retórica como instrumento legitimador da prisão cautelar preventiva*.

A pesquisa realizada revela os efeitos sociais e institucionais que a linguagem provoca em um mundo construído por meio de argumentos e de persuasão, orientadores dos posicionamentos assumidos em situações presididas por rígidas normas de conduta, legalmente estabelecidas.

As análises trazem reflexões de como a norma jurídica é desconstruída por meio de técnicas persuasivas, que ressaltam a dignidade, a autoridade e o senso de justiça, uma vez que o entendimento e a compreensão dos fatos e das circunstâncias em que ocorreram, pela força dos argumentos utilizados e da persuasão provocada, podem causar efeitos opostos à própria lei.

O estudo desenvolvido enfoca a manifestação do discurso jurídico pela modalidade escrita do texto, instrumento para o exame das especificidades da retórica forense, também chamada de retórica jurídica. Essa oratória não pode ser, restritamente, vista segundo os brocardos jurídicos que, muitas vezes, trouxeram desprestígios ao desempenho dos profissionais da área do Direito; precisa se mostrar desveladora das artimanhas argumentativas.

A retórica jurídica não serve apenas para convencer do que a lei proíbe ou para desvendar, dela, interpretações equivocadas, que violam direitos fundamentais ou que transgridem normas; mas também tem um importante papel como técnica aplicada para desvelar a verdade, o mascaramento de fatos e falácias que podem servir, de alguma sorte, a mecanismos de controle social e institucional.

Os argumentos são vistos, por um lado, como estratégias persuasivas relacionadas ao sentimento moral; e, por outro, como garantias da autoridade do julgador, propagador do medo. Assim, o percurso investigativo apoia-se na figura da autoridade e nos processos de ligação ou ruptura que geram e propagam o medo, oriundo da punição aplicada, da repercussão produzida e da comoção social provocada.

O julgador coloca-se como pessoa experiente quanto às normas jurídicas e, por isso, investe-se de uma autoridade institucional para criar regras que pautem o medo como elemento persuasivo central de seu discurso. Por sua vez, o medo é a base para a articulação argumentativa do julgador que, no que lhe compete, investe seu dizer de formas abstratas, geradoras de incertezas e garantidoras de um percurso orientador para uma finalização apropriada à legalidade vigente.

A autoridade do orador e sua aceitação como tal determinam o que pode ser legitimado pelos argumentos responsáveis pela obtenção de adesões e pelo estabelecimento do consenso entre o racional e o passional. Desvelar o que, silenciosamente, se esconde na teia argumentativa revela as verdadeiras intenções tecidas por meio da linguagem e suas implicações institucionais e sociais.

A retórica, por fim, apresenta-se como um campo profícuo para a compreensão da linguagem e sua produção em um contexto em que a legalidade é constituída pela figura de autoridade do julgador e pela disseminação do medo. Essa é a relevância de compreender os efeitos produzidos pela arte oratória, com suas técnicas de mascaramento da verdade e a criação de fatos e de falácias, e, assim, desvelar as manipulações produzidas pela dissimulação argumentativa.

Jackson Chediak, dessa forma, entende a retórica jurídica, em sua configuração oratória, argumentativa, institucional e social, provocadora de incertezas, mascaramentos, falácias; e deflagradora do medo. O livro por ele escrito registra essas convicções, e sobre elas traz reflexões e análises imprescindíveis para quem se interessa pela área que envolve Direito e Retórica.

Boa leitura!

João Hilton Sayeg-Siqueira

Doutor em Linguística e Letras pela PUC-RS, com pós-doutorado em Comunicação Social na Universidade Metodista de São Paulo. Doctor Honoris Causa de Iberoamérica pelo Consejo Iberoamericano en Honor a la Calidad Educativa. Professor titular no Programa de Pós-graduação em Língua Portuguesa da PUC-SP.

LISTA DE SIGLAS

Capes – Coordenação de Aperfeiçoamento de Pessoal de Nível Superior

CP – Código Penal

CPP – Código de Processo Penal

STF – Supremo Tribunal Federal

ERA – Grupo de Estudos Retóricos e Argumentativos

SUMÁRIO

1

A RETÓRICA 23

1.1 A importância da linguagem na retórica 23

1.2 O discurso retórico...24

1.3 As estratégias argumentativas 27

1.4 A retórica e os elementos argumentativos 34

1.5 A autoridade como elemento do convencimento...........43

1.6 O medo como elemento do convencimento....................47

1.7 A interferência da autoridade na construção do medo....52

2

A PRISÃO PREVENTIVA E A INTERVENÇÃO LEGISLATIVA..............57

2.1 Prisão preventiva: conceituação 57

2.1.1 Hipóteses de cabimento: garantia da ordem pública 63

2.1.2 Hipóteses de cabimento: garantia da ordem econômica...........66

2.1.3 Hipóteses de cabimento: conveniência da instrução criminal...........69

2.1.4 Hipóteses de cabimento: assegurar a aplicação da lei penal...........72

2.2 Condições de admissibilidade da prisão preventiva.................74

2.3 Intervenção legislativa...82

2.4 Direitos e garantias constitucionais como limite jurídico...........93

2.5 A abordagem legislativa da prisão preventiva................96

3

A RETÓRICA FORENSE COMO MEIO DE INTERPRETAÇÃO DA NORMA 103

3.1 A retórica forense em decretos preventivos 103

3.2 A interpretação da norma 105

3.3 A figura da autoridade como produtora de argumentos deliberativos 107

4

APRESENTAÇÃO, ANÁLISE E DISCUSSÃO DOS DADOS 111

4.1 Apresentação dos decretos preventivos 111

4.1.1 A prisão preventiva do caso do estudante de publicidade 111

4.1.2 O caso do professor 114

4.1.3 A prisão do deputado 116

4.2 Análise e discussão dos dados 118

4.2.1 As categorias de análise 118

4.2.2 Análise do caso do estudante de publicidade 121

4.2.3 Análise do caso do professor 126

4.2.4 Análise do caso do deputado 132

4.3 Discussão geral dos dados 140

CONSIDERAÇÕES FINAIS 147

REFERÊNCIAS 153

1

A RETÓRICA

Neste capítulo, abordamos como a retórica do convencimento pode ser elaborada e/ou construída a fim de persuadir e/ou convencer. Para compreender essa retórica e a intervenção legislativa como recurso argumentativo na elaboração dos decretos preventivos, é necessário conhecermos quais são os elementos empregados na argumentação, bem como analisar seus efeitos no discurso/texto.

1.1 A importância da linguagem na retórica

É por meio da linguagem que manifestamos nossas ideias, nossos sentimentos, o que pensamos em relação ao mundo, que interagimos e nos comunicamos das mais diversas maneiras. Nesse contexto, compreendemos a linguagem como toda forma de expressão, seja verbal, seja não verbal ou mista, e de maneira mais ampla, tendo em vista que abrange qualquer tipo de comunicação e que tudo pode ser linguagem. Por exemplo, a escultura de *Pietá*, feita por Michelangelo.

A linguagem apoia-se na retórica com a intenção de persuadir. Por isso, é importante compreender que, para ser persuasivo, o discurso relaciona-se com as escolhas lexicais, modalizadores e estratégias argumentativas com as quais nos respaldamos para persuadir o auditório. A linguagem formal e rebuscada pode ser traduzida em poder, e isso pode ser percebido pelo auditório como competência e conhecimento técnico. Assim, o uso da língua[3] demonstra a posição do orador na hierarquia social. Conhecer as técnicas argumentativas pode resultar nos efeitos pretendidos pelo orador para obter o que pretende em seu discurso, que é conseguir a adesão do auditório.

---

[3] No sentido de falar, dizer, proferir.

Desse modo, a linguagem é fundamental na retórica, uma vez que a usamos de diversas maneiras. Portanto, conhecer como a língua(gem) opera e funciona contribui para que o orador possa elaborar seu discurso com base em técnicas argumentativas que corroboram aquilo que ele defende e/ou alega. Além disso, a linguagem é a manifestação do pensamento e serve para descrever o meio em que vivemos.

1.2 O discurso retórico

A retórica tem uma diversidade de conceitos; majoritariamente, é entendida como estudo da persuasão ou mesmo como "uma actividade persuasiva"[4] que busca influenciar e direcionar alguém sobre certos assuntos. Mais do que conceito, a retórica é percepção e possibilidade de revelar expectativas e visões de mundo na defesa de ideias e/ou interesses.

Nessa perspectiva, Ferreira[5] menciona que, por natureza, somos seres retóricos, por utilizarmos a língua como lugar de confronto das subjetividades. Segundo esse autor, "por termos crenças, valores e opiniões, valemo-nos da palavra como instrumento revelador de nossas impressões sobre o mundo, dos nossos sentimentos, convicções, dúvidas, paixões e aspirações"[6]. Assim, quando — por meio do discurso — conduzimos o outro a determinado posicionamento e influenciamos seu comportamento, estamo-nos valendo de persuasão e construção retórica.

Ao longo dos anos, tal percepção e tal expectativa ganharam características e estruturas, com técnicas utilizadas pelo discurso. Mateus aponta que, "ao longo da História, a capacidade de transmitir aos outros, de forma estruturada e convincente, aquilo que pensamos foi uma das mais vitais formas de comunicação"[7]. Ao conceituar a retórica como disciplina que estuda a comunicação

---

[4] MATEUS, 2018, p. 15.
[5] FERREIRA, Luiz Antonio. **Leitura e persuasão**. São Paulo: Contexto, 2017.
[6] *Ibidem*, p. 12.
[7] MATEUS, 2018, p. 15.

persuasiva com o outro, o autor também a compreende como uma técnica de o sujeito ser mais categórico e decisivo no que diz, com o objetivo de influenciar o outro.

Tringali[8] conceitua a retórica como "uma disciplina teórica e prática que tem por objeto central o discurso oratório". Para o autor, os discursos oratório e retórico são sinônimos e caracterizam-se por serem dialéticos e persuasivos. Logo, a retórica seria a "teoria e prática do discurso persuasivo, pois o discurso é persuasivo porque é dialético". De forma didática, o autor considera o discurso dialético como defesa de opinião mais verossímil em um debate, considerando-se que a dialética consiste na "arte de discutir e argumentar no domínio do provável". Para o estudioso, o discurso é persuasivo quando leva o auditório a aceitar uma opinião sobre uma controvérsia, por meio de provas lógicas, éticas, patéticas e testemunhas.

Na separação didática dos conceitos, Tringali[9] aponta o discurso dialético como objeto material; e o persuasivo como objeto formal da retórica. Pelo posicionamento do autor, é possível perceber o equívoco na definição da retórica como arte de falar bem, pois "dizer de modo ornado, ou dizer adequadamente, ou dizer honestamente"[10], nem sempre é um ato retórico, se não há uma composição argumentativa.

De acordo com Ferreira[11], o discurso retórico possui três lados: a) a argumentação ou *docere*, b) a emoção ou *movere*, c) o estímulo ao discurso ou *delectare*. O *docere* refere-se ao ensinar e transmitir; o *movere*, ao comover e atingir sentimentos; o *delectere* busca agradar e estimular a atenção do auditório, conforme Quadro 1:

---

[8] TRINGALI, Dante. **A retórica antiga e as outras retóricas**: a retórica como crítica literária. São Paulo: Musa, 2014. p. 21.

[9] *Ibidem.*

[10] *Ibidem*, p. 22.

[11] FERREIRA, 2017.

Quadro 1 – Discurso retórico: ordens, finalidades e provas

Ordem	Finalidade	Prova
Docere	Refere-se ao ensinar, ao explicar e ao transmitir.	*Logos*
Movere	É comover e atingir sentimentos.	*Pathos*
Delectere	É o estímulo ao discurso, que busca agradar.	*Ethos*

Fonte: o autor (2022), com base em Ferreira (2017)

A linguagem retórica usa a afetividade e a razão como estratégia para suscitar a persuasão. Com isso, o orador pode conduzir o auditório de acordo com a intenção ou interesse em transmitir, comover ou agradar.

Para que a persuasão ocorra, é determinante valer-se da razão e da afetividade. Assim, cabe ao orador usar a emoção ou a razão para suscitar a adesão do auditório, tendo em vista que as técnicas discursivas por ele empregadas podem aproximar ou distanciar o auditório. Por esse motivo, é importante compreendermos os conceitos de orador, auditório e discurso, sintetizados no Quadro 2, a seguir:

Quadro 2 – Orador, auditório e discurso

Orador	Auditório	Discurso
Tem o *ethos* retórico marcado pelo que é confiável. Tem influência pelo prestígio e conhecimento de causa. Busca garantir acordos e não rejeições e precisa observar a ordem da argumentação. Deve buscar interação com o discurso.	É conduzido a um espaço de confiança, pela dignidade e fé atribuída ao discurso do orador, e condicionado mediante o discurso.	Argumento assumido e/ou utilizado para convencer ou mesmo persuadir auditórios com a introdução de novos conceitos. É complementado por inferências, por ligação, dissociação e/ou técnicas de rupturas. Deve interagir com o orador.

Fonte: o autor (2022)

Perelman e Olbrechts-Tyteca[12] afirmam que o orador precisa se adaptar ao auditório, pois "o conhecimento daqueles que se pretende conquistar é, pois, uma condição prévia de qualquer argumentação eficaz". Os autores argumentam que as opiniões de um homem dependem do convívio, do meio social, do círculo das pessoas que frequenta, o que remontaria, no estudo de auditório, a um capítulo da sociologia. Compreendemos que o convívio, o meio social e o círculo de pessoas, conforme abordado pelos autores, constituem as respectivas identidades dos indivíduos que compõem o auditório. Por esse motivo, é importante, para uma argumentação exitosa, o orador adequar o que se argumenta às expectativas e/ou às identidades.

1.3 As estratégias argumentativas

O ponto de partida e o desenvolvimento da argumentação pressupõem um acordo do auditório. Tal acordo age sobre o auditório, que o admite desde o ponto de partida da argumentação, e por isso pode ser definido como "uma preparação para o raciocínio que, mais do que uma introdução dos elementos, já constitui um primeiro passo para a sua utilização persuasiva"[13]. Esse acordo com o auditório é construído pelas premissas e/ou adesão a elas pelo que, desde o início, é proposto na argumentação.

Tais proposições nem sempre são aderidas. Perelman e Olbrechts-Tyteca[14] agrupam os objetos do acordo que podem embasar as premissas em duas categorias: a) as relativas ao real, que compreendem fatos, verdades e presunções, b) as relativas ao preferível — contêm valores, hierarquia e lugar do preferível. Segundo os autores, a concepção do real varia conforme os posicionamentos e as opiniões assumidas. Porém, tudo o que se pressupõe na argumentação se apresenta, por presunção de validade, para

---

[12] PERELMAN, Chaim; OLBRECHTS-TYTECA, Lucie. **Tratado da argumentação**. Tradução de Maria Ermantina de Almeida Prado Galvã. 3. ed. São Paulo: Martins Fontes, 2014. p. 23.

[13] *Ibidem*, p. 73.

[14] *Ibidem*.

um auditório universal. Assim, o que está ligado a determinado ponto de vista e/ou trata sobre o preferível é identificado por um auditório particular.

Os auditórios universal e particular admitem determinados números de objetos "os quais podem incidir um litígio"[15]. Ao abordar os acordos que servem à argumentação, os autores apontam dois grupos, mesmo não sendo a finalidade e/ou possível a definição: no primeiro grupo, reúnem os acordos relacionados ao real, como os fatos, as verdades e as presunções; no segundo, os acordos em relação ao preferível. Para os autores, no primeiro grupo, há relação com um auditório universal e com o convencimento; no segundo grupo, com um auditório particular e com a persuasão. Dessa forma, os acordos são importantes instrumentos da argumentação para convencer e/ou persuadir.

Devido à impossibilidade de alcançar sentido que se adeque a todo tempo e lugar, Perelman e Olbrechts-Tyteca[16] não definem o conceito de fatos, mas apresentam a noção de fato como adesão de um auditório universal, subtraída da argumentação, sem a necessidade de ampliação e/ou generalização. Os autores consideram que fatos e verdades se relacionam com aquilo dado por certo e indiscutível e, por isso, os acordos sobre fatos são produzidos em um processo de argumentação que reúne crenças, como o que é aceito como verdade. Na construção retórica da verdade, a negociação retórica e/ou o acordo envolvem convencimento e persuasão. A noção de verdade é imbricada com o que se concebe por fatos. Segundo Perelman e Olbrechts-Tyteca,

> Fala-se geralmente de fatos para designar objetos de acordo precisos, limitados; em contrapartida, designar-se-ão de preferência com o nome de *verdade* sistemas mais complexos, relativos a ligações entre fatos, que se trate de teorias científicas ou concepções filosóficas ou religiosas que transcendem a experiência.[17]

---

[15] PERELMAN; OLBRECHTS-TYTECA, 2014, p. 74.

[16] *Ibidem.*

[17] *Ibidem*, p. 77.

Apesar de os autores aplicarem à "verdade" tudo o que dizem sobre fatos, vale salientar que as relações entre esses fatos passam pelas percepções de distintos auditórios e que correspondem ao uso habitual da argumentação. Dessa forma, o fato pode se opor à verdade teórica como contingente ao necessário ou mesmo como real ao esquemático. Da mesma forma, os fatos e as verdades podem ser concebidos de tal forma "que um enunciado de um fato seja uma verdade e que toda verdade enuncie de um fato"[18]. Mas, quando os fatos e as verdade são confrontados, apenas um dos dois servirá de ponto de partida para a argumentação, caso a precedência dos fatos ou das verdades resulte das relações recíprocas.

Conforme os autores, "mais das vezes, utilizam-se fatos e verdades (teorias científicas, verdades religiosas, por exemplo) como objetos de acordos distintos, mas entre os quais existem vínculos que permitem a transferência do acordo"[19]. Assim, os acordos dependem da clareza e confiança da argumentação, que, ao produzir subjetividade, precisa também introduzir certa disposição de objetividade, para que seja plausível ao auditório. Dessa forma, o orador defende uma tese como verdadeira ou falsa, em que a confiança depositada em si faz imperar como verdadeiro aquilo que ele defende. Nesse contexto, o auditório universal mistura-se com o auditório particular, com a continuidade entre convencimento e persuasão.

No âmbito do Direito, com toda a complexidade existente, os fatos são articulados com base em normas processuais, leis, teorias, doutrinas e princípios para sustentar uma tese. Os fatos têm aporte em normas que podem impor limites a determinadas provas. O litígio ou divergência é decidido por um juiz autorizado, que dirá qual das teses serão aceitas como verdade.

Os auditórios admitem as presunções como pressuposto de um acordo universal e/ou ponto de partida da argumentação, assim como os fatos e as verdades. A adesão, por não ser máxima, é reforçada por outros elementos e, dessa maneira, vincula-se ao normal e verossímil.

---

[18] PERELMAN; OLBRECHTS-TYTECA, 2014, p. 77.

[19] *Ibidem*, p. 78.

Entre as principais presunções de uso corrente apontadas por Perelman e Olbrechts-Tyteca[20], estão as que se referem a qualidade, credulidade, interesse, caráter e normalidade, segundo apresentamos no Quadro 3, a seguir:

Quadro 3 – Tipos de presunção

Tipo de presunção	Características e/ou definição
De qualidade	A qualidade de um ato é o reflexo da qualidade do orador. A qualidade de um ato manifesta a da pessoa que o praticou.
De credulidade	Com a simplicidade de espírito, o auditório acolhe e/ou admite como verdadeiro o que é dito, quando não há motivo para desconfiar. A presunção de credulidade natural faz com que nosso primeiro movimento seja acolher como verdadeiro o que nos dizem e é admitida enquanto e na medida em que não tivermos motivos para desconfiar.
De interesse	A relevância do enunciado levado ao conhecimento do auditório é atribuída a uma expectativa de importância em relação a esse enunciado. A presunção de interesse é aquela segundo a qual concluímos que todo enunciado levado ao nosso conhecimento supostamente nos interessa.
De caráter	Refere-se ao caráter sensato de toda ação humana.
De normalidade	É uma espécie de presunção geral admitida por todos o auditório: "[...] presume-se, até prova em contrário, que o normal é o que ocorrerá, ou ocorreu, ou melhor, que o normal é uma base com a qual podemos contar em nossos raciocínios"[21]

Fonte: o autor (2022), com base em Perelman e Olbrechts-Tyteca (2020, p. 79-80)

---

[20] PERELMAN; OLBRECHTS-TYTECA, 2014.

[21] *Ibidem*, 2020, p. 80.

Dentre as presunções apontadas, Perelman e Olbrechts-Tyteca[22] destacam a presunção de normalidade, ou seja, aquela admitida por todo o auditório, uma espécie de presunção geral; para tanto, buscam descrever a ideia que fazem do que seja normal e suas oscilações em diferentes aspectos, embora tenham como base da descrição o ponto de comparação do que é habitual de certos grupos de referências.

Por meio da estatística, esses teóricos descrevem aspectos da normalidade e afirmam que "a noção de *normal* abrange mais amiúde, ao mesmo tempo e de uma forma diversamente acentuada, conforme os casos, as idéias de média, de modo e, também, de parte mais ou menos extensa de uma distribuição"[23].

Valendo-se desse raciocínio, os autores descrevem a noção usual do normal e sugerem que tal noção depende do grupo social de referência e/ou categoria total que a ele se estabelece em argumentos. Nesse sentido, Perelman e Olbrechts-Tyteca[24] explicam como ocorre a mudança de conceito sobre normal e exclusão do grupo pelo distanciamento de regras da normalidade nos seguintes termos:

> Esse grupo é, na maioria dos casos, eminentemente instável. Com efeito, se certos indivíduos se afastam em seus comportamentos do que é considerado normal, sua conduta pode modificar esse normal (estatisticamente, diremos que pode modificar esse normal); mas, se o indivíduo se afasta dele além de certos limites, será excluído do grupo e, em consequência, o grupo de referência é que será modificado.[25]

Os referidos autores tratam, ainda, da variação na maneira de encarar o grupo de referência como real ou fictício e das concepções diversificadas que atuam — uma contra a outra — na

---

[22] PERELMAN; OLBRECHTS-TYTECA, 2020.

[23] *Ibidem*, p. 80.

[24] *Ibidem*.

[25] *Ibidem*, p. 81.

argumentação. Para eles, na argumentação judiciária intervêm os grupos de referência. Dessa maneira, há dois grupos distintos: um relacionado ao motivo do crime e o outro ao comportamento do acusado, sendo "o primeiro mais amplo, o segundo, mais específico, o que significa que, no segundo caso, tiram-se as presunções do que é normal para homens que se comportam, a vida inteira, como acusado"[26].

A mudança no grupo de referência pode ocorrer por informações novas, como é o caso das alegações de circunstâncias que autorizam a exclusão do que é ilícito, ou mesmo quando "o advogado do réu alega circunstâncias atenuantes, sugere a mudança do grupo de referência: o comportamento presumido, o que servirá de critério para julgar o réu, será daí em diante o comportamento normal desse novo grupo de referência"[27].

Em contraponto aos argumentos baseados na estrutura do real — como fatos, verdades e presunções —, estão os que se fundamentam no que é preferível — como valores, hierarquias e lugares. A diferença está na escolha do ponto de vista determinado, que se relaciona com um auditório particular. Na argumentação, os valores operam como acordo mais importante na elaboração das premissas. Isso porque as teses defendidas pelo orador, quando partilhadas por valores comuns, são bem recepcionadas e/ou assimiladas como verdades. Entretanto,

> [...] estar de acordo acerca de um valor é admitir que um objeto, um ser ou um ideal deve exercer sobre a ação e as disposições à ação uma influência determinada, que se pode alegar numa argumentação, sem se considerar, porém, que esse ponto de vista se impõe a todos.[28]

Conforme os citados autores, há dois tipos de valores: os abstratos, como justiça ou verdade, fundamentados na razão; e os

---

[26] PERELMAN; OLBRECHTS-TYTECA, 2020, p. 82.
[27] *Ibidem*, p. 82.
[28] *Ibidem*, p. 84.

concretos, que se vinculam a um ente vivo, um grupo determinado e/ou um objeto particular. A adesão aos valores varia de acordo com o indivíduo ou grupo. Por esse motivo, é possível afirmar que os indivíduos/grupos se sujeitam a hierarquias e/ou valores hierarquizados.

Para firmar valores ou hierarquias, é necessário recorrer às premissas gerais, denominadas lugares. Ferreira[29] compara os lugares retóricos com armazéns que, ao estabelecer acordos com o auditório, indicam premissas de ordem ampla. Assim, os lugares retóricos asseguram a adesão a determinados valores e re-hierarquizam crenças. Perelman e Olbrechts-Tyteca[30] registram que, para os antigos, os lugares designavam rubricas de classificação dos argumentos e também eram definidos como depósitos de argumentos.

Há lugares-comuns a qualquer ciência (como os argumentos estruturados em relações de causa e efeito, temporais, em definições e analogias), que se aplicam aos três gêneros retóricos. Os lugares específicos pertencem a uma ciência particular e são próprios a um determinado gênero retórico, que situa o tempo do discurso, a finalidade a que se destina, a que auditório se reporta e os valores pelos quais se rege. Desta feita, os lugares são tipos de argumentos prováveis e/ou preferíveis, que conduzem o auditório a uma conclusão.

As categorias apontadas por Perelman e Olbrechts-Tyteca[31] foram agrupadas segundo aspectos gerais, considerando-se:

- Os lugares de quantidade, que têm como suporte a quantidade ou espécie de premissa maior subentendida, que fundamenta uma conclusão;

- Os lugares da qualidade, que se opõem à quantidade para refutar o quantitativo;

---

[29] FERREIRA, 2017.
[30] PERELMAN; OLBRECHTS-TYTECA, 2014.
[31] *Ibidem.*

- Os lugares da ordem, que admitem a superioridade entre antecedente e consequente, anterior sobre o posterior;
- Os lugares do existente, que apontam a superioridade do real sobre o possível, eventual ou impossível;
- Os lugares da essência, que não se fundam em lugar de ordem e/ou atitude metafísica, mas na concessão de valores de superioridade a indivíduos, na comparação em certos padrões, funções e/ou essências;
- Os lugares da pessoa, que derivam da sua dignidade, do seu mérito e autonomia.

Por fim, o orador seleciona os argumentos mais apropriados à tese que defende e, para abordar o tema — no gênero deliberativo, judicial ou epidítico —, busca o tipo de prova retórica (pelo *logos*, *ethos* ou *pathos*) para persuadir. Nesse contexto, o estado da causa e as noções de lugares relacionam-se com a invenção.

1.4 A retórica e os elementos argumentativos

A interação do Poder Judiciário com os jurisdicionados, por meio da língua, caracteriza-se pelo convencimento, o que Koch[32] denomina "argumentatividade". O discurso, que é uma ação verbal carregada de intencionalidade, deixa implícita uma ideologia. Assim, é possível inferir que não há texto neutro e/ou impessoalidade na construção dos argumentos contidos em um discurso que, ao buscar o convencimento, pela argumentatividade, deixa visível ou não o posicionamento de um orador que "tenta influir sobre o comportamento do outro ou fazer com que compartilhe determinadas de suas opiniões"[33].

O ato de argumentar orienta o discurso a alcançar conclusões desejáveis e busca convencer, por meio de raciocínio lógico, um auditório universal. Dessa forma, o discurso é estruturado "com

---

[32] KOCH, Ingedore Grunfeld Villaça. **Argumentação e linguagem**. 13. ed. São Paulo: Cortez, 2011.

[33] *Ibidem*, p. 17.

base na não contradição, no princípio da identidade, na reciprocidade, transitividade e inclusão"[34]. Ao persuadir, o orador atinge vontade implícita e/ou explícita, bem como sentimento pessoal, por meio de argumentos plausíveis ou verossímeis dirigidos a um auditório particular.

Segundo Koch[35], o convencimento relaciona-se ao raciocínio lógico e à razão; por sua vez, a persuasão relaciona-se a sentimentos dos interlocutores, por meio de raciocínio verossímil. Pela intencionalidade do orador, estabelece-se a relação argumentativa com as presunções, as marcas das intenções, os modalizadores, os operadores argumentativos e as imagens recíprocas. A pertinência no estudo e análise do texto em sua dimensão argumentativa está naquilo que estudiosos da retórica denominam de abordagem retórico-argumentativa. A arte do discurso e o bem falar não são as partes mais importantes da retórica, mas sim as estratégias argumentativas.

Perelman e Olbrechts-Tyteca[36] sustentam a possibilidade de uma argumentação e fundamentação racional, assim como a comprovação empírica e de dedução lógica. Para os estudiosos, a razão prática pode ser utilizada em uma teoria da argumentação e a lógica formal gira em torno da necessidade, uma vez que, levantadas as premissas, a conclusão é necessária; por seu turno, a argumentação estaria no plausível, possível ou provável.

De acordo com esses autores, o termo "retórica" é utilizado em vez de "dialética" pela importância dada ao auditório, parte elementar de suas teses. Para eles, não se deve separar os elementos que compõem a argumentação ou considerá-los individualmente. Dessa maneira, a estrutura do discurso argumentativo assemelha-se à de um tecido.

Os filósofos ainda especificam três elementos como necessários para o estudo da argumentação: o acordo, a escolha dos dados e a apresentação das premissas. Por conseguinte, o ponto de partida

---

[34] FIORIN, José Luiz. **Argumentação**. São Paulo: Contexto, 2020. p. 116.

[35] KOCH, 2011.

[36] PERELMAN; OLBRECHTS-TYTECA, 2014.

da argumentação e seu desenvolvimento dependem do acordo com o auditório, que poderá ter por objetivo o conteúdo das premissas explícitas, as ligações particularizadas e a forma de se servir dessas ligações. Assim, os objetivos podem ser referentes ao real ou preferível. O objetivo relativo ao real, aos fatos verdadeiros e/ou às presunções relaciona-se ao auditório universal, enquanto o objetivo relativo a valores ou preferível se vincula a auditórios particulares.

A escolha ou seleção dos dados e a presença servirão de hipóteses para a argumentação e a adaptação aos objetivos, possibilitando a utilização ou não de certas premissas na argumentação. A seleção de dados e a presença constituem um conjunto de referência que serve para testar as argumentações, ao confirmá-la ou invalidá-la. Perelman e Olbrechts-Tyteca[37] explicam que:

> O fato de selecionar certos elementos e de apresentá-los ao auditório já implica a importância e a pertinência deles no debate. Isso porque semelhante escolha confere a esses elementos uma *presença*, que é um fator essencial da argumentação, por mais menosprezado, aliás, nas concepções racionalistas do raciocínio.

A seleção age sobre a sensibilidade como dado psicológico e exerce uma ação na percepção. Dessa maneira, o orador desperta a presença do objeto do discurso no auditório. Ferreira[38] acrescenta que "as técnicas de apresentação, criadoras da presença, são essenciais quando o orador pretende evocar realidades afastadas no tempo e no espaço"[39]. De acordo com Ferreira[40], as possibilidades de transformar uma figura de estilo em figura argumentativa proporcionam o efeito de presença que realça o argumento utilizado.

Perelman e Olbrechts-Tyteca[41] afirmam que, na argumentação, a presença não se expressa apenas de modo positivo, pois há

---

[37] PERELMAN; OLBRECHTS-TYTECA, 2014, p. 132.

[38] FERREIRA, 2017.

[39] *Ibidem*, p. 125.

[40] *Ibidem*.

[41] PERELMAN; OLBRECHTS-TYTECA, 2014, p. 135.

o fenômeno da supressão deliberada: "a noção de presença, de que nos valemos aqui e que julgamos de importância capital para técnica da argumentação, não é uma noção filosoficamente elaborada".

Conforme os referidos estudiosos, ao escolher os elementos e a forma de torná-los presentes, toda argumentação leva à seletividade. A apresentação das premissas será eficaz quando impressionar a consciência do auditório e fizer prevalecer "certos esquemas interpretativos, a inserir os elementos de acordo num contexto que os torne significativos e lhes confira o lugar que lhes compete num conjunto"[42]. Os autores excluem de suas análises o efeito estético da técnica de apresentação, o qual reduziu o estudo da retórica à arte do bem falar e bem escrever e/ou à arte de expressão do pensamento de pura forma. Nesse sentido, eles esclarecem:

> O que focalizamos no exame da forma do discurso, na medida em que a cremos discernível de sua matéria, são os meios que possibilitam a uma determinada apresentação dos dados situar o acordo num determinado nível, imprimi-lo com certa intensidade nas consciências, enfatizar alguns de seus aspectos.[43]

A apresentação dos dados pode ser confundida com a escolha; por isso, é importante uma apresentação que impressione e seja eficaz no direcionamento ou mesmo condução do auditório, conforme defendem os autores. Outra classificação dada, porque se encontra inserida nas técnicas argumentativas, é a que distingue o argumento de união do argumento de dissociação. De acordo com os teóricos, os elementos da argumentação interagem de forma constante; logo, o orador deverá levar em conta a complexidade dessa interação. O argumento de união está baseado na solidariedade, com o objetivo de unir interesses; o argumento de dissociação tem por princípio a ruptura, destacando as inconveniências das relações estabelecidas.

---

[42] PERELMAN; OLBRECHTS-TYTECA, 2014, p. 161.

[43] *Ibidem*, p. 162.

Há, ainda, a classificação dos argumentos em fracos e fortes, em que a força do argumento depende do concreto. Dessa forma, um argumento que apresenta força no convencimento poderá não ter a mesma força em outro contexto, a depender do auditório e ocasião.

A importância do auditório, conforme destacada por Perelman e Olbrechts-Tyteca[44], corrobora o posicionamento de Fiorin[45], que afirma não existir verdade lógica, devido à dependência de valores, crenças e anseios por parte do auditório. Por isso, as conclusões, também, não são lógicas.

Dessa forma, compreendemos os argumentos como raciocínios que buscam persuadir ou convencer, por meio da retórica do convencimento. Nessa linha, analisamos argumentos de convencimento mediante a antifonia, com base em Fiorin[46], que trata de discurso em oposição, em que cada um é projetado em uma dada realidade (já que os discursos são argumentos), por fazerem parte de uma controvérsia e serem produzidos sobre outro.

Nos ensinamentos de Ferreira[47], encontra-se a distinção entre persuadir e convencer. Para o estudioso, ao coordenar o discurso pelo apelo às paixões do auditório, a persuasão move o coração e explora o lado emocional, enquanto o convencimento move a razão, por meio da exposição de provas lógicas, as quais coordenam o discurso por apelos à racionalidade.

Neste capítulo, tratamos a persuasão como instrumento elementar[48] daquilo que denominamos como retórica do convencimento. Para Aristóteles, o "objetivo do emprego persuasivo é levar a uma deliberação ou julgamento"[49]. Segundo o autor, a arte retórica tem a finalidade de afetar decisões nos julgamentos

---

[44] PERELMAN; OLBRECHTS-TYTECA, 2014.

[45] FIORIN, 2020.

[46] *Ibidem.*

[47] FERREIRA, 2017.

[48] A expressão "instrumento" elementar é utilizada como parte que não se separa e/ou constitui a essência do convencimento.

[49] ARISTÓTELES, 2011, p. 169.

e, assim, deve inspirar confiança, por meio de adequada disposição de espírito do orador, bem como pela reciprocidade.

Vale registrar as ponderações de Ferreira[50] de que "modernos estudiosos da retórica ressignificam o termo, de acordo com suas áreas de interesse investigativa". Por esse posicionamento ou observação, compreendemos a argumentação como técnica de persuasão e convencimento, conforme descrevemos no Quadro 4:

Quadro 4 – Convencimento e persuasão

Convencimento	Persuasão
Técnica utilizada que apela à exposição de provas, ligadas ao caráter moral do orador, à disposição do auditório ou ao próprio discurso, mas que, também, constitui-se por uma característica elementar, que é a persuasão.	Técnica que apela à emoção e que, também, pode consolidar crenças e paixões pelas provas. Assim, constitui parte do convencimento.

Fonte: o autor (2022), com base na leitura de Ferreira (2017) e Perelman e Tyteca (2014)

Ao sugerir a técnica de argumentação, que utiliza a linguagem para persuadir, e tratar a persuasão como instrumento elementar do convencimento, estamos nos apoiando em Perelman e Tyteca[51], que afirmam serem as crenças mais sólidas quando admitidas por provas.

Apesar da diversidade de conceitos que se associam a interesses investigativos, em todos há consenso na presença dos elementos orador, auditório e discurso. Segundo Ferreira[52], o orador é simbolizado pelo *ethos*; o auditório, pelo *pathos*; e o discurso, pelo *logos*. Nessa perspectiva, para compreender a construção e/ou análise da argumentação, para pensar o papel do orador (na retórica do convencimento) e do auditório (na persuasão), torna-se

---

[50] FERREIRA, 2017, p. 16.

[51] PERELMAN; OLBRECHTS-TYTECA, 2014.

[52] FERREIRA, 2017.

importante a conceituação e distinção desses elementos. Nesse esteio, com suporte em Reboul[53] e Siqueira e Mattos[54], elaboramos o Quadro 5:

Quadro 5 – *Ethos, pathos* e *logos*

Ethos	• É de ordem afetiva; • "É o caráter que o orador deve assumir para inspirar confiança no auditório"[55]; • Diz respeito ao orador[56]; • "O ethos é estabelecido pelo papel social que assume, no momento da elaboração de seu discurso, a fim de persuadir o outro"[57].
Pathos	• É de ordem afetiva; • É o conjunto de emoções, paixões e sentimentos que o orador deve suscitar no auditório com seu discurso[58]; • Diz respeito ao auditório[59].
Logos	• É de ordem racional; • Diz respeito à argumentação propriamente dita[60]; • "[...] três provas técnicas, *ethos, pathos* e logos, que dão sustentação aos estudos retóricos"[61].

Fonte: o autor (2022), com base na leitura de Reboul (2004) e Siqueira e Mattos (2019)

A análise do convencimento pode estar ligada ao *ethos* do orador, na interação com o auditório. Assim, torna-se também

---

[53] REBOUL, Olivier. **Introdução à retórica**. São Paulo: Martins Fontes, 2004.

[54] SIQUEIRA, João Hilton Sayeg; MATTOS, Tiago Ramos. O ethos em uma autobiografia poética. *In*: FERREIRA, Antonio Luiz (org.). **Inteligência retórica**: o ethos. São Paulo: Bucher, 2019. p. 63-76.

[55] REBOUL, 2004.

[56] *Idem.*

[57] SIQUEIRA; MATTOS, 2019, p. 64.

[58] REBOUL, 2004.

[59] *Idem.*

[60] *Idem.*

[61] SIQUEIRA, 2019, p. 65.

importante o exame quanto ao tipo de auditório, se especializado ou médio, e suas percepções ao vinculá-las a valores dominantes ou não. Segundo Fiorin[62],

> Cada auditório é particular, porque cada um tem conhecimentos, crenças, valores e emoções diversos, no entanto, há um auditório não especializado, que poderíamos com Bakhtin denominar auditório médio, que é aquele auditório que acredita nos valores dominantes num dado tempo numa determinada formação social.

Conforme o referido autor, de um ponto de vista sobre o auditório, em um dado tempo e determinada formação social, o orador seleciona e articula os argumentos a serem utilizados. É nesse contexto que opera o argumento de autoridade e o *ethos* do orador condicionado ao prestígio da função pública que exerce, cuja imagem é construída de uma rede de relações.

Na retórica do convencimento, a argumentação procura fazer o auditório aceitar o que é transmitido; não há neutralidade entre orador e auditório, já que o primeiro busca a adesão do segundo. Se assim não fosse, teríamos uma demonstração lógica. Para Aristóteles, "todos procuram discutir e sustentar teses, realizar a própria defesa e a acusação do outro"[63]; então, há também, por parte do orador, um discurso assumido pelas crenças e pelos valores do auditório, ou seja, muitas vezes, o orador fala o que o auditório quer ouvir e, por isso, sustenta suas ideias nessa relação de paixão, cólera e/ou compaixão. Segundo o filósofo, a persuasão ocorre quando é demonstrada a veracidade no discurso ou, ainda, o que assemelha a verdade. A persuasão não deixa de ser uma demonstração, conforme afirma Aristóteles[64]:

> [...] a persuasão é um tipo de demonstração (uma vez que nos sentimos o mais plenamente persuadidos

---

[62] FIORIN, 2020, p. 74.

[63] ARISTÓTELES, 2011, p. 39.

[64] *Ibidem*, p. 42.

quando julgamos que uma coisa foi demonstrada); a demonstração do orador é um entimema, *sendo este, em geral, o mais eficaz dos meios de persuasão.*

Para o autor, a pessoa mais capacitada em perceber como um silogismo é produzido terá mais habilidade para o manejo de entimema e distinção com silogismo lógico. Ao abordar o tema, Fiorin[65] descreve a demonstração como procedimento que mostra a verdade e suas relações com as premissas, por meio de provas que não dependem de convicções pessoais, visto que a estrutura e a forma permitem um desenvolvimento que não pode ser recusado. No Quadro 6, simplificamos a demonstração lógica comparada à argumentação:

Quadro 6 – Comparação entre demonstração lógica e argumentação

Demonstração lógica	Argumentação
• Opera com a verdade de uma conclusão; • Não depende de convicções pessoais; • Em duas ideias contraditórias, uma é verdadeira e a outra é falsa; • A conclusão é uma verdade que não está sujeita a controvérsia.	• Opera com o plausível, possível, provável; • Mostra que uma ideia pode ser mais válida que a outra; • A adesão não se faz somente, mas também as oportunas, socialmente justas, úteis e equilibradas; • Opera com o preferível, com juízo de valor; • Tem uma natureza não coercitiva; • Há hesitação, a dúvida, a liberdade de escolha; • Não trabalha com verdadeiro ou falso; • Trabalha com o verossímil; • Tem conclusão mais forte que as premissas, e esta está sujeita a controvérsia.

Fonte: o autor (2022), com base em Fiorin (2020)

---

[65] FIORIN, 2020.

A distinção entre demonstração lógica e argumentação é importante para compreensão e análise da fundamentação dos decretos cautelares preventivos por nós abordados nesta pesquisa, uma vez que as decisões cautelares preventivas devem operar com a demonstração lógica, sem apelar para convicções pessoais do auditório ou argumentação pautada na persuasão, do possível, plausível ou provável, por constituir, assim, a tese que trabalha as premissas com o verossímil, e não com provas.

1.5 A autoridade como elemento do convencimento

No argumento de autoridade, temos a influência do prestígio do orador e a importância da atuação das autoridades a quem o orador recorre na sustentação da retórica. Perelman e Olbrechts--Tyteca[66] aduzem que: "o argumento de prestígio mais nitidamente caracterizado é o argumento de autoridade, o qual utiliza atos ou juízos de uma pessoa ou de um grupo de pessoas como meio de prova a favor de uma tese".

De acordo com os autores, esses tipos de argumentos têm um modo de raciocínio retórico; porém, para alguns pensadores positivistas, trata-se de raciocínio fraudulento ou "pseudo argumento, destinado a camuflar a irracionalidade de nossas crenças, fazendo que sejam sustentadas pela autoridade de pessoas eminentes, pelo sentimento de todos ou do maior número"[67], ponto de vista do qual discordam, por entenderem que, dado o argumento de autoridade, é de extrema importância, mesmo que, na argumentação, seja possível contestar seu valor; logo, não se pode destacar tal argumento como irrelevante, a não ser em casos especiais.

A confiança do auditório no orador, que reflete conhecimento de causa e honestidade, é importante na construção do *ethos*. "Nesse sentido, é importante observar se o discurso proferido assume configuração que crie condições para que o auditório julgue o orador

---

[66] PERELMAN; OLBRECHTS-TYTECA, 2014, p. 348.

[67] *Ibidem*, p. 348.

como digno de fé"[68]. Assim, os discursos dos "competentes"[69] são construídos e movidos para um "espaço de confiança" do auditório e credibilidade do orador.

A técnica argumentativa de autoridade visa atribuir credibilidade e fundamento ao discurso do orador pelo prestígio que conduz o auditório ao reconhecimento e aceitação. No gênero judiciário, possivelmente, o discurso e o argumento de autoridade contribuem com o agir retórico nas decisões judiciais dos decretos preventivos. Tal gênero caracteriza-se pela análise do passado *"para* acusar ou defender, para pôr em relevo a justiça de um ato cometido por alguém"[70].

O gênero judiciário é associado ao discurso acusatório e dos tribunais, em que há questionamentos quanto à culpa e/ou à inocência de indivíduos. Tal gênero, de natureza inquisitiva, busca reconstruir fatos ocorridos em tempos pretéritos. No gênero judiciário, o orador tem o papel de associar as provas e peças de informação ao sentimento comum de justiça do auditório.

Mateus[71] afirma que o gênero retórico constitui "uma tipologia que serve de orientação para o orador começar a preparar a sua prelecção frente ao auditório". Segundo o autor, os gêneros são "moldes da argumentação"[72], projetada, tecida e orientada em um tempo; "contudo, muitos discursos ficam aquém do efeito desejado precisamente porque o orador descurou os <<moldes>> de construção da persuasão que são gêneros retóricos".

Para uma maior compreensão e análise da técnica, os estudos separam os gêneros em: judiciário, deliberativo e epidítico. Porém, é importante registrar que os gêneros são imbricados nos discursos, isto é, "dificilmente encontramos um discurso puro, com predominância absoluta de um determinado gênero oratório. Os gêneros se misturam em doses diversas e indicam um predomínio"[73]. Assim, em

---

[68] FERREIRA, 2017, p. 140.
[69] Termo utilizado por Ferreira.
[70] FERREIRA, 2017, p. 63.
[71] MATEUS, 2018, p. 101-102.
[72] Termo usado por Mateus.
[73] FERREIRA, 2017, p. 62.

uma argumentação, é possível percebermos características e temas de todos os gêneros, com predomínio de uma intenção analisada em dado tempo — que indica presente, passado ou futuro —, direcionada a um auditório que examina e/ou aconselha.

A constituição do auditório é importante para a construção discursiva e estratégia de persuasão. "É o auditório que, como leitor ou ouvinte de um ato retórico, concentra toda a atividade do orador"[74]. Com isso, é atribuída a função de juiz, assembleia ou espectador, bem como destacada a participação em função do auditório na questão levantada. No Quadro 7, a seguir, sintetizamos a atuação do auditório:

Quadro 7 – A atuação do auditório

Auditório como juízes	Auditório como assembleias	Auditório como Espectadores
Examina o ato retórico com base em uma causa passada, para condenar ou absolver. Segundo Ferreira[75], tal auditório avalia o justo, o injusto, o legal e o ilegal.	Aconselha ou desaconselha uma tomada de decisão, ao analisar um ato retórico voltado para o futuro. Aqui há uma reflexão sobre o útil, o conveniente, o prejudicial e o nocivo.	Examina o ato retórico e/ou a capacidade do orador de louvar, censurar tema que versa sobre o presente, para, ao fim, declarar se "gosta ou não, se concordam ou discordam, se acham belo ou feio o que foi dito, da forma como foi dito"[76].

Fonte: o autor (2022), com base em Ferreira (2017)

Perelman e Olbrechts-Tyteca[77] destacam as técnicas de ruptura e de refreamento propostas nos casos de incompatibilidade entre o que se julga da pessoa e o que se pensa do ato.

Na ruptura, o ato é desvinculado da opinião que se tem da pessoa do orador, por expressar o ato um fato ou enunciar uma

---

[74] FERREIRA, 2017, p. 21.

[75] *Ibidem*, 2017

[76] *Ibidem*, p. 22.

[77] PERELMAN; OLBRECHTS-TYTECA, 2014.

verdade que se sobrepõem a qualquer influência da pessoa, haja vista que "o prestígio de nenhuma pessoa (exceto o ser perfeito) poderia fazer-nos admitir que 2 + 2 = 5, nem obter nossa adesão a um testemunho contrário à experiência"[78].

No refreamento, há restrição da ação como preconceito ou prevenção. Para Perelman e Olbrechts-Tyteca[79], "a técnica mais eficaz para impedir a reação do ato sobre o agente é considerar este um ser perfeito, no bem ou no mal, considerá-lo um deus ou um demônio".

Caso o objetivo seja impedir não a reação do ato sobre o agente, mas do agente sobre o ato, a técnica apresentada sugere considerar o ato como verdade ou expressão de um fato. Para preservar a pessoa das opiniões, quanto aos seus atos, a melhor técnica e/ou tática é retratar a mesma de forma extrema e assim conduzir o auditório a uma polaridade radical.

No Quadro 8, a seguir, destacamos a conceituação dos processos de ruptura e refreamento:

Quadro 8 – Processos de ruptura e refreamento

Ruptura	Refreamento
São estratégias argumentativas que exercemos a fim de alcançar um desprendimento entre a pessoa e os seus atos. No momento que conjecturamos que o auditório tem um ponto de vista sobre a pessoa e não pretendemos que essa opinião se conduza para o ato ou, ainda, na ocasião em que consideramos que a opinião consolidada seja sobre o ato e não queremos que esse posicionamento afete a pessoa, exercitamos as "técnicas de ruptura" a fim de desprender os dois elementos.	São estratégias atípicas da argumentação em que a ação do ato em relação à pessoa ou vice-versa é totalmente rompida. Essas técnicas delimitam a ação e contestam as contínuas transições de opiniões que temos em relação à pessoa e colabora em alto grau para o seu equilíbrio.

Fonte: o autor (2022), com base em Perelman e Olbrechts-Tyteca (2020)

[78] PERELMAN; OLBRECHTS-TYTECA, 2014, p. 335.

[79] *Ibidem*, p. 353.

O que se observa pelas técnicas de ruptura e de refreamento são as possibilidades de desprendimento e restrição da ação. Para tanto, é fundamental conhecê-las.

1.6 O medo como elemento do convencimento

A palavra "medo" tem origem do latim *"metus"*, que significa inquietação, temor. Esse sentimento atua como meio de convencimento e manutenção do controle social, tendo em vista que as relações sociais, as interações e os espaços de convivência se transformam conforme o temor instaurado pela violência social. Aristóteles[80] explica que o medo é "como uma forma de padecimento ou perturbação gerada pela representação de um mal vindouro de caráter destrutivo ou penoso". De fato, há alguns males cuja perspectiva não nos amedronta. "[...] não tememos o que está muito distante".

De acordo com o filósofo, o temor está relacionado a destruição ou males causados pela tristeza; isso provoca medo, já que o temor maior consiste no que está próximo, e não naquilo que está distante, como a morte, por exemplo; "tememos aqueles que podem nos fazer mal quando estamos vulneráveis a eles; com efeito, os seres humanos geralmente prejudicam os outros sempre que detêm o poder para isso"[81]. O medo gera o sentimento de sofrer qualquer tipo de mal, seja por outras pessoas, seja por coisas, ou situações de violência física.

Nesse contexto, o medo está relacionado a situações cotidianas, como a situação econômica, a vida familiar e pessoal, as enfermidades, as perturbações e a violência de modo geral. Podemos observar que o medo tem relação com o *pathos*, porque está relacionado à emoção. Há uma simbiose entre o medo e o poder: o medo é interiorizado, massificado e doutrinado; e o poder é usado como forma de controle e manutenção da ordem. De modo geral, os medos são justificados em situações macrossocial, econômica e política.

---

[80] ARISTÓTELES, 2011, p. 137-138.

[81] *Ibidem*, p. 138.

Ao longo da história, os medos são (re)construídos e transformados. Vivenciamos um estado de pânico em que a produção de sentimentos acarreta a manutenção e a legitimação do medo como estratégia de persuasão. Bauman[82] define medo como sentimento que toda criatura viva conhece e/ou nome que se dá para as incertezas humanas, como ignorância da ameaça, o que pode ou não ser feito para cessá-la ou enfrentá-la, em caso de impossibilidade. Entre os tipos de medo definidos pelo autor, há o medo "social e culturalmente reciclado" que orienta o comportamento humano. Esse tipo de medo é estável, uma espécie de "sentimento de ser suscetível ao perigo"[83].

Nesse tipo de medo, há uma constante sensação de insegurança, construída socialmente, que gera efeitos na vida da pessoa. Bauman[84] explora a metáfora da neblina para explicar a insegurança, o medo e o temor constante e aterrorizante que causam sentimento de impotência e onipresença. Segundo o sociólogo, a liberdade sem segurança não é menos perturbadora que a segurança sem liberdade e é nesse contexto que nasce a necessidade de repensar o medo enquanto controle social e até que ponto tem dado suporte a discursos autoritários. O autor propõe reflexões sobre os "medos líquidos modernos"[85], como vivenciamos o "afrouxamento dos laços sociais"[86], e convida-nos a pensar em agir de forma ponderada. A reflexão de Bauman leva-nos ao contexto retórico em que o orador busca o convencimento por meio de fatores morais, éticos e sociais que envolvem o medo líquido da modernidade.

Ao tratar sobre a ação retórica, Ferreira[87] menciona que

> [...] por contexto retórico entende-se um orador, colocado diante de uma questão mais ampla, que envolve fatores vários (sociais, éticos, morais, de corporações, de instituições) e que culmina num discurso possível de ser analisados.

---

[82] BAUMAN, Zygmunt. **Medo líquido**. Rio de Janeiro: Zahar, 2008.

[83] *Ibidem*, p. 9.

[84] *Ibidem*.

[85] Expressão usada por Bauman.

[86] Expressão interpretada pelo autor.

[87] FERREIRA, 2017, p. 53.

Assim, o contexto retórico tem como aliada a mente humana, capaz de potencializá-lo pelo histórico de vida dos que compõem o auditório. A ação retórica, por sua vez, poderá modificar as convicções, produzindo sensação de segurança e controle da situação. Dessa maneira, o medo associado à autoridade e/ou ao prestígio do orador pode conduzir o auditório para um espaço de confiança e tranquilidade.

Produzido por artifícios retóricos simples ou intricados, o medo só tem existência em função do outro e de igual sorte, entende-se que a segurança guarda a mesma regra e produção por atos retóricos[88]. De acordo com Ferreira[89],

> [...] é a eficácia do discurso que ocupa um espaço antes impensado, capaz de dominar os fios tênues da razão, abalar a confiança para, como efeito patêmico, fazer aflorar o medo em seres mais suscetíveis à opinião alheia.

O mesmo discurso eficaz, com argumentos de autoridade, poderá obstar o produto de tal eficácia, reforçar e imprimir valores do auditório.

Há uma linha tênue entre medo e autoridade, enquanto elementos ou estrutura do convencimento. O medo serve de argumento, pois desencadeia temor e essa emoção é usada como persuasão para que o orador possa alcançar razões afetivas e ideológicas do auditório, que é conduzido a aderir testemunha e/ou discurso contrário a experiência. Por meio do *ethos* do orador, caracterizado pelo prestígio, tem-se o convencimento, com exposições de provas influenciadas pelo medo, buscando persuadir o auditório por meio da progressão indutiva. No Quadro 9, buscamos distinguir elementos que estruturam o convencimento:

---

[88] FERREIRA, 2017.

[89] FERREIRA, Luiz Antonio. Contornos retóricos do medo. *In*: **O suscitar das paixões**: a retórica de uma vida. São Paulo: Blucher, 2021b.

Quadro 9 – Elementos que compõem o convencimento

Medo +	Autoridade =	Convencimento
Produz efeitos que conduzem o auditório a aceitar argumentos ou teses que têm por socialmente justas, ao operar com o preferível e juízo de valor. Figura como instrumento que explora o lado emocional do auditório.	Influencia a aceitação e/ou a anuência do auditório pelo prestígio. Só pode ser desvinculada da opinião por técnicas de rupturas. Conduz a adesão do auditório a admitir testemunho contrário à experiência.	Busca expor provas e mover a razão, ao apelar a uma racionalidade, influenciada pelo medo. As provas não são questionadas porque representam um temor ao qual o auditório foi conduzido, além de confiarem no prestígio da autoridade/orador.

Fonte: o autor (2022), com base em Fiorin (2020) e Perelman e Olbrechts-Tyteca (2020)

Os elementos que estruturam o convencimento têm no medo e na autoridade a eficácia e a técnica na condução do auditório. O medo explora o lado emocional do auditório e produz efeitos que levam argumentos à condição de verdade. Somado à autoridade do orador, o medo convence testemunho contrário à experiência, pelo prestígio. De acordo com Ferreira[90], o medo "pode ultrapassar os limites do subjetivo, das impressões rotineiras, para deixar marcas sociais profundas que, de fato, alteram o destino do auditório apaixonado".

Isso ocorre porque os medos são potencializados, fortalecidos e explorados pelas instituições e/ou pelas representações sociais, influenciadas por ideias, crenças, valores e ideologias que existem em nossa sociedade e estão presentes em nossos discursos. Pastana[91] afirma que "o medo surge de uma utilização político-ideológica da insegurança, e se solidifica em um ambiente de desorganização social, alienação e isolamento". Com isso, podemos perceber

---

[90] FERREIRA, 2017, p. 17.

[91] PASTANA, Debora Regina. Cultura do medo. **Cadernos de Campo [do] Programa de Pós-Graduação em Sociologia**, n. 10, p. 71-82, 2004. p. 81. Disponível em: https://periodicos.fclar.unesp.br/cadernos/issue/view/651/179. Acesso em: maio 2022.

que a cultura do medo "reforça o poderio de autoridades frágeis porque escoradas em paixões tristes, ambição, logro e insaciável sede de dominação"[92].

O medo é sentido quando associado a crimes, terrorismo, destruição, guerra ou outras situações ou acontecimentos que possam alcançar as pessoas. Desse modo, o "poderio das autoridades" é refletido na persuasão do auditório, que "busca segurança na autoridade que representa a população. De acordo com Pastana[93], os "valores e comportamentos difundidos a partir do medo são formas simbólicas de dominação tão ou mais violentas quanto a própria violência de que se tem medo". O medo ronda a sociedade de diferentes maneiras e funciona como manutenção de "o poder simbólico como poder de constituir o, dado pela enunciação, de fazer ver e fazer crer, de confirmar ou de transformar a visão do mundo e, deste modo, a acção sobre o mundo"[94].

Nesse viés, a linguagem do medo tornou-se uma forma de dominação e controle social, uma vez que a insegurança, a ansiedade, a aflição, a desconfiança e a ameaça constante de riscos extremos tendem a fazer com que a população, de modo geral, procure por segurança e proteção. Windholz[95] assevera que a ideologia do medo é uma forma de manter o poder das elites políticas, econômicas e religiosas. Nas palavras de Ferreira[96],

> Quando assim é, o medo predomina no pathos, nos efeitos de sentido, uma vez que as infiltrações do temor no discurso se dão quando, no ambiente de crenças, probabilidades aterrorizadoras funcionam como mola para o agir ou para o não agir por

---

[92] CHAUI, Marilena S. **Sobre o medo**. Disponível em: https://artepensamento.ims.com.br/item/sobre-o-medo/?_sft_category=razao. Acesso em: maio 2022.

[93] PASTANA, 2004, p. 73.

[94] BORDIEU, Pierre. **O poder simbólico**. Tradução de Fernando Tomaz. Rio de Janeiro: Bertrand Brasil, 1989. p. 15.

[95] WINDHOLZ, Davi. Ideologia do medo e demonização do outro semeiam o ódio entre judeus e palestinos. **Sul**, v. 21, 2015.

[96] FERREIRA, Luiz Antonio. Atos retóricos: do medo e da confiança. *In*: **O suscitar das paixões**: a retórica de uma vida. São Paulo: Blucher, 2021a. p. 100-113. p. 108-109.

paralisia, sempre em consonância com o objetivo persuasivo. O medo discursivo cria um problema tão real que atua nos escaninhos da mente.

Desse modo, o medo é relacionado ao *pathos*, que é manifestado também como comoção, e aos sentimentos intensos. Dessa forma, o auditório é persuadido pelo discurso do orador, que é orientado pela ação afetiva que seduz e comove, tendo em vista que o medo é uma estratégia que incita paixão.

1.7 A interferência da autoridade na construção do medo

É provável que a construção do medo pelo discurso passe pelo sentimento de pânico coletivo. Esse sentimento de ser *suscetível ao perigo*[97] exige soluções, como endurecimento das leis penais e maior rigor na punição. Dessa forma, o discurso de autoridade pode proporcionar eficácia ao discurso instituinte[98] que, muitas vezes, desrespeita garantias individuais, como aqueles que têm a prisão como primeira alternativa e/ou primeira *ratio*.

No que se refere aos decretos cautelares preventivos, o discurso instituído busca obstar os ativismos judiciais que contrariam garantias constitucionais; a exemplo, citamos a criação de mecanismos, por meio das Leis n.º 11.343/2011 e 13.964/2019, que buscam frear prisões desnecessárias.

Nessa disputa, muitas vezes, na figura da autoridade, há o poder conferido pela instituição a que pertence, o que Ferreira[99] denomina de retórica dos competentes. Para o autor, todo discurso indica a marca da instituição da qual o orador faz parte. Assim, é possível perceber que a retórica dos competentes "não é necessariamente sensata. Às vezes, não se pauta pelo mérito, pela ética, pelo dever, mas apenas por uma aparência de tudo isso"[100].

---

[97] Expressão utilizada por Bauman (2008) para descrever o medo líquido.

[98] O discurso opõe-se ao dominante, pode gerar novas discussões e desestruturar o discurso instituído.

[99] FIGUEIREDO, Maria Flávia; GERARDO, Ramírez Vidal; FERREIRA, Luiz Antonio. **Paixões aristotélicas**. Franca: Unifran: Foco: linguística do texto e do discurso, 2017.

[100] FERREIRA, 2017, p. 95.

Aos discursos dos competentes é atribuído o "aval da verdade", como uma espécie de privilégio discursivo. Eles progridem na argumentação com base no discurso autoritário que, segundo Ferreira[101], vem da própria instituição:

> Ressaltamos que o discurso institucional é necessariamente autoritário porque precisa organizar as leis e as regras da sociedade. Uma escola, por exemplo, precisa determinar um horário de funcionamento, o Judiciário precisa pautar-se pelas leis, etc.

Desse modo, no discurso dos competentes, percebe-se o aval necessário, dado à autoridade ou ao orador, pelo auditório, para administrar o medo, na busca pela segurança. É nessa autorização que se nota a legitimação, pelo discurso instituinte, daquilo que afronta ou mesmo ultrapassa o que foi instituído por leis.

A intervenção da autoridade orienta a construção e/ou a liquidez da sensação de insegurança inculcada socialmente. Na orientação ou interferência no medo, observam-se os lugares retóricos: há lugar de ordem e lugar derivado do valor da pessoa. Os lugares ou *topoi* são espaços comuns retóricos em que o orador constrói os argumentos, de acordo com o sentido mais técnico; conforme aponta Reboul[102], "no sentido mais técnico, o dos tópicos, o lugar não é um argumento-tipo nem um tipo de argumento, mas uma questão típica que possibilita encontrar argumentos e contra-argumentos". Nessa perspectiva, o lugar da ordem possibilita, por parte da autoridade e *ethos*, um raciocínio apodítico e/ou imperativo.

De igual maneira, o lugar derivado do valor da pessoa "incide sobre o mérito de um ato realizado por uma pessoa para ressaltar a dignidade, a autonomia, a coragem, o senso de justiça"[103]. Tal mérito se vincula à confiança e à autoridade do orador que conduz

---

[101] FERREIRA, 2017, p. 96-97.

[102] REBOUL, 2004, p. 52.

[103] FERREIRA, 2017, p. 75.

o auditório a essa percepção. No lugar de ordem, a superioridade da causa em relação ao efeito utiliza-se da progressão discursiva, por meio do raciocínio apodítico. Nessa percepção, há discurso, gênero e forma de raciocínio imbricados. O Quadro 10 demonstra os tipos e superposições de tais elementos:

Quadro 10 – Tipos de discurso, gênero e raciocínio

Discurso	Gênero	Raciocínio
Autorizado: é o que figura como voz de instituições ou de segmentos sociais. Compreende a retórica dos representantes das instituições[104].	**Judiciário**: decide sobre o passado ao acusar e/ ou defender. Destaca o justo ou injusto em um ato cometido por alguém.	**Apodítico**: trabalha com premissas verdadeiras ou que produzem efeitos de verdade. Mostra que uma ideia pode ser mais válida que outra.
Institucional: é organizado por leis e regras sociais.	**Deliberativo**: trata de temas ligados ao presente e decide e/ou deliberar com uma assembleia.	**Dialético**: vincula-se ao verossímil, por concordar com crenças mais comuns e delas aproximar o auditório.
Dominante: é o que predomina, quanto aos valores e/ou às crenças partilhadas pela sociedade, que moldam o ser para convivências sociais.	**Epidítico**: censura ou louva o homem em discursos inaugurais e/ou de cerimônias de datas históricas. Tematiza o belo, o feio e enfatiza valores atuais e instituintes nos debates.	**Falacioso**: opera com apelo de validade emocional em detrimento de validade lógica.
Autoritário: é a base do discurso dominante, por determinar valores.	—	—
Polêmico: é aquele que diverge ou discorda de opiniões.	—	—

---

[104] FERREIRA, 2017.

Discurso	Gênero	Raciocínio
Instituído: é a consolidação do discurso instituinte, quando passa a predominar.	—	—
Instituinte: é aquele que se opõe ao discurso dominante. Possibilita a construção de sentidos e valores.	—	—

Fonte: o autor (2022), com base em Campbell (2015), Ferreira (2017) e Reboul (2004)

Ao progredir na argumentação e interferir na construção e/ou no direcionamento do medo do auditório, o orador utiliza-se do discurso dos competentes, ora por autorização, que decorre da formação, ora por fazer parte de uma instituição, na qualidade de porta voz; ainda, por ser o que defende de forma predominante ou, também, por ser garantido em lei instituída; e por buscar suporte na mudança de conceitos da sociedade.

Por essa perspectiva, observa-se ademais a aplicação das inferências, a depender do tipo de auditório. Ao tratar de auditório especializado, a influência da progressão discursiva será na dedução — que é centrada no silogismo, como conclusão baseada em premissas prováveis — ou na analogia, que compara uma situação a outra e conclui com base em uma proposição particular.

Caso o auditório seja médio, a progressão discursiva por inferência possibilitará a indução, que parte de fatos particulares da experiência e estabelece leis, vincula-se à ciência experimental e chega a generalizações e preconceitos, tomando por base razões afetivas e ideológicas.

2

A PRISÃO PREVENTIVA E A INTERVENÇÃO LEGISLATIVA

Neste capítulo, abordamos o conceito da prisão preventiva, a hipótese de cabimento que se respalda na garantia da ordem pública, na ordem econômica, na conveniência da Instrução Criminal ou como meio de assegurar a aplicação penal. Tratamos, ainda, acerca das condições de admissibilidade da prisão preventiva, da intervenção legislativa, dos direitos e garantias constitucionais como limite jurídico da jurisdição e, por último, tecemos considerações acerca das críticas sobre a abordagem legislativa da prisão preventiva.

2.1 Prisão preventiva: conceituação

A legislação brasileira possibilita três espécies de prisões, as quais possuem objetivos distintos: a prisão civil, que compele o segregado ao cumprimento de obrigação alimentar; a prisão pena[105], decorrente de sentença penal transitada em julgado; e a prisão cautelar, que busca garantir o regular andamento da persecução penal. A prisão cautelar é também conhecida como processual ou provisória. Conforme Nucci[106],

> Enquanto o Código Penal regula a prisão proveniente de condenação, estabelecendo as suas espécies, formas de cumprimento e regimes de abrigo do condenado, o Código de Processo Penal cuida da prisão cautelar e provisória, destinada unicamente a vigorar, quando necessário, até o trânsito em julgado da decisão condenatória.

---

[105] Prisão: pena de apenamento advinda de condenação que não é cautelar.

[106] NUCCI, Guilherme de Souza. **Manual de processo penal**. 2. ed. Rio de Janeiro: Forense, 2021. p. 351.

As prisões cautelares dividem-se em: prisão em flagrante, prisão temporária e prisão preventiva. Dessas três espécies, a única que não encontra regramento específico no Código de Processo Penal (CPP) é a prisão temporária, que é tratada pela Lei extravagante n.º 7.960/89[107].

A prisão preventiva, por possuir hipóteses de cabimento mais ampla, é a mais aplicada para acautelar ou prevenir inconvenientes na investigação policial ou ação penal. As principais regras de cabimento encontram-se inseridas nos Arts. 311 a 316 do CPP[108], porém os limites jurídicos não se esgotam na leitura de tais dispositivos processuais, já que devem ser interpretados pela ótica constitucional.

Conforme o Art. 311 do CPP, a prisão preventiva é decretada pelo juiz de direito a requerimento do Ministério Público (MP), do querelante ou do assistente da acusação, ou mesmo representação do delegado de polícia. A Lei n.º 13.964/2019[109] buscou afastar o juiz de praticar atos de ofício, ao alterar a redação do Art. 311 e fazer constar a necessidade de requerimento ou representação, o que antes não era necessário e poderia ocorrer de ofício pelo juiz.

O momento para a decretação da prisão preventiva é o do perigo da liberdade do investigado e/ou acusado. Assim, para decretar a prisão preventiva na fase policial, é necessário o indício suficiente de autoria e prova da existência do crime, elementos essenciais para o oferecimento de denúncia, representados, nesse caso, pelos brocardos *fumus comissi delicti* e *periculum libertatis*. O primeiro representa a prova inequívoca do crime e o indício razoável de autoria; o segundo é compreendido como um perigo concreto da liberdade do acusado para investigação ou instrução do processo penal. O Art. 312 do CPP é a principal base legal para a decretação, apesar de não ser a única. Esse dispositivo estabelece regramento para a prisão preventiva:

---

[107] BRASIL, 1989.
[108] *Ibidem*, 1941.
[109] *Ibidem*, 2019.

> A prisão preventiva poderá ser decretada como garantia da ordem pública, da ordem econômica, por conveniência da instrução criminal ou para assegurar a aplicação da lei penal, quando houver prova da existência do crime e indício suficiente de autoria e de perigo gerado pelo estado de liberdade do imputado. (BRASIL, 1941, s/p, com redação dada pela Lei n.º 13.9640/2013).

O indício suficiente de autoria e a materialidade delitiva por si só não autorizam a prisão cautelar preventiva; além desses elementos, é necessário considerar o risco: à ordem pública, à ordem econômica, à instrução processual e à aplicação da lei penal, observados, ainda, os Arts. 313 e 314 do CPP.

A nova redação do Art. 312 do CPP, inserida pela Lei n.º 13.964/2019[110], incluiu, de forma expressa, o "perigo gerado pelo estado de liberdade do acusado" como hipótese de cabimento da prisão, antes sugerido pela doutrina como *periculum libertatis*, que decorria da interpretação e análise da garantia da ordem pública, da ordem econômica, da conveniência da instrução criminal ou aplicação da lei penal, o que se resumia em *fumus comissi delicti* e *periculum libertatis*.

Os decretos prisionais preventivos não podem violar garantias constitucionais, como a presunção de inocência, a inviolabilidade do domicílio e a dignidade da pessoa humana. Por isso, a garantia da ordem pública e econômica não deve importar em presunção ou probabilidade de reiteração da prática delitiva, por ferir a presunção de não culpabilidade. Não deve significar antecipação da pena, já que a inocência do acusado é presumível, conforme Art. 5.º, inciso LVII, da Constituição federal[111].

Da mesma forma, pela regra contida no Art. 9.º da Declaração dos Direitos do Homem e do Cidadão, de 26 de agosto de 1789[112], "todo acusado se presume inocente até ser declarado culpado e,

---

[110] BRASIL, 2019.

[111] *Ibidem*, 1988.

[112] *Ibidem*, 1789, s/p.

se julgar indispensável prendê-lo, todo o rigor não necessário à guarda da sua pessoa deverá ser severamente reprimido pela lei". Tourinho Filho[113] afirma que:

> Nessa ordem de ideias, toda e qualquer prisão provisória, sem que haja leivos de cautelaridade, é desnecessária e afronta o princípio da presunção de inocência, dogma constitucional. A Constituição ao proclamar que ninguém será considerado culpado até o trânsito em julgado de sentença penal condenatória, nada mais fez que repetir o princípio instituído pela constituição francesa do final do século XVIII, e, se o fez, parece ter deixado subentendida sua complementação (... "se for indispensável prender, todo rigor que não for necessário para assegurar à pessoa do réu deve ser severamente reprimido pela lei").

A excepcionalidade da prisão está no compromisso do legislador com o princípio da presunção de inocência e adequada cautela, que se mostrará legítima de acordo com os argumentos utilizados no decreto prisional e no equilíbrio entre a eficácia da persecução penal e o direito a liberdades individuais, pois, de acordo com Lima[114],

> [...] ao mesmo tempo em que o Estado se vale de instrumento extremamente gravoso para assegurar a eficácia da persecução penal-privação absoluta ou relativa da liberdade de locomoção antes do trânsito em julgado de sentença penal condenatória, deve também preservar o indispensável respeito a direitos e liberdades individuais que tão caro custaram para serem reconhecidos e que, em verdade, condicionam a legitimidade da atuação do próprio aparato estatal em um Estado democrático de direito.

Qualquer restrição ao direito fundamental de liberdade e locomoção é medida extrema e excepcional, condicionada aos

---

[113] TOURINHO FILHO, Fernando da Costa. **Prática de processo penal**. 35. ed. São Paulo: Saraiva, 2014. p. 508.

[114] LIMA, Renato Brasileiro de. **Manual de processo penal**. Bahia: Jus Podivm, 2014. p. 844.

parâmetros da estrita legalidade. Segundo Lima[115], "a proteção do cidadão no âmbito dos processos estatais é justamente o que diferencia um regime democrático daquele de índole totalitária". Desse modo, ao analisar os pressupostos ensejadores da prisão preventiva, o juiz deverá observar os minuciosos direitos e garantias, tais como: respeito à integridade física e moral, que envolve a preservação da imagem e exposição à mídia; não utilização desnecessária de algemas; direito à imediata comunicação à família; direito ao silêncio; direito à assistência de advogado; direito à identificação dos responsáveis pela prisão e pelo interrogatório.

Lima[116] comenta que a Lei n.º 12.403/2011[117], que inseriu outras medidas cautelares diversas da prisão na redação do Art. 319 do CPP, firmou o entendimento de que:

> [...] além da demonstração do *fumus comissi delicti*, consubstanciado pela prova da materialidade e indícios suficientes de autoria ou de participação e do *periculum libertatis* (garantia da ordem pública, da ordem econômica, conveniência da instrução criminal ou garantia da aplicação da lei penal), também passa a ser necessária a demonstração da ineficácia ou da impossibilidade de aplicação de qualquer das medidas cautelares diversas da prisão.

Esta lei buscou adequar o Código Processual de 1941 às garantias constitucionais e obstar interpretações que ultrapassam os limites jurídicos interpretáveis por um Estado democrático de direito. Ao acrescentar no CPP outras medidas cautelares diversas da prisão, o legislador possibilitou equilíbrio da matéria "prisão e liberdade", em que há o confronto entre a necessidade de acautelar o processo e a liberdade do acusado. Portanto, ao teor da Lei n.º 12.403/2011[118], deve ser analisada a possibilidade de medidas cautelares antes de segregar; assim, a prisão preventiva só é acei-

---

[115] LIMA, 2014, p. 845.
[116] *Ibidem*, p. 894.
[117] BRASIL, 2011.
[118] *Idem*.

tável quando todas as outras medidas impostas pelo Art. 319 não se mostrarem suficientes. Ao abordar as medidas cautelares de natureza pessoal, Lima[119] afirma que:

> [...] a primeira opção deverá ser sempre uma das medidas previstas nos artigos 319 e 320. Por outro lado, como reverso, a prisão preventiva passa a funcionar como a *extrema ratio*, somente podendo ser determinada quando todas as outras medidas alternativas se mostrarem inadequadas.

No Quadro 11, a seguir, temos as medidas cautelares diversas da prisão, a serem observadas pelo juiz, como possibilidade de resguardar a persecução penal antes de aplicar a constrição à liberdade de alguém:

Quadro 11 – Medidas cautelares diversas da prisão

Antes de decidir pela prisão preventiva, o juiz deverá analisar se não são suficientes estas medidas
a) Obrigar ao comparecimento periódico em juízo, no prazo e nas condições prefixadas, para informar e justificar atividades;
b) Proibição de acesso ou frequência a determinados lugares relacionados ao fato delituoso, para evitar o risco de novas infrações;
c) Proibição de manter contato com pessoas relacionadas ao fato;
d) Proibição de ausentar-se da comarca quando a permanência for importante para a persecução penal;
e) Recolhimento domiciliar no período noturno e nos dias de folga, quando o indivíduo tiver residência e trabalho fixos;
f) Suspensão da função pública ou de atividade profissional, quando houver receio da utilização para a prática delituosa;
g) Internação provisória do réu, nos casos de crimes praticados com violência ou grave ameaça, se os peritos concluírem ser inimputável ou semi-imputável e se houver risco de reiteração;

---

[119] LIMA, 2014, p. 894.

Antes de decidir pela prisão preventiva, o juiz deverá analisar se não são suficientes estas medidas
h) Fiança, quando a infração admitir, para garantir o comparecimento às fases do processo, evitar a obstrução do seu andamento ou em caso de resistência injustificada à ordem judicial;
i) Monitoração eletrônica.

Fonte: o autor (2022), com base no Art. 319 do CPP (BRASIL, 2022)

2.1.1 Hipóteses de cabimento: garantia da ordem pública

Ao ser decretada, a prisão preventiva deverá ter como suporte a justa causa, simbolizada pela comprovação da materialidade e indícios de autoria, bem como o fator de risco que justifique a efetividade da prisão. Assim, o *periculum libertatis* do acusado ou investigado é justificado e/ou consubstanciado em expressões vagas e imprecisas, como "garantia da ordem pública", que dá margem a interpretações equivocadas e tendenciosas.

Távora e Alencar[120] afirmam que "não se tem um conceito exato do significado da expressão "ordem pública", o que tem levado a oscilações doutrinárias e jurisprudenciais quanto ao seu significado". A decretação da preventiva com base na ordem pública busca evitar a continuidade delitiva do agente no decorrer da ação penal; então, a expressão "ordem pública" representaria tranquilidade e paz no seio da sociedade. Segundo os autores,

> Em havendo risco demonstrado de que o infrator, se solto permanecer, continuará delinquindo, é sinal de que a prisão cautelar se faz necessária, pois não se pode esperar o trânsito em julgado da sentença condenatória. É necessário que se comprove este risco. As expressões usuais, porém evasivas, sem nenhuma demonstração probatória, de que o indivíduo é um criminoso contumaz, pos-

---

[120] TÁVORA, Nestor; ALENCAR, Rosmar Rodrigues. **Curso de direito processual penal**. Bahia: Jus Podivm, 2014. p. 849.

suidor de uma personalidade voltada para o crime etc., não se prestam, sem verificação, a autorizar o encarceramento.[121]

O risco a que o autor se refere não pode ser confundido com a periculosidade do acusado sustentada e divulgada pela mídia. Para Tourinho Filho[122], "quando se decreta a prisão preventiva como 'garantia da ordem pública', o encarceramento provisório não tem o menor caráter cautelar".

Kato[123] afirma que "a prisão como garantia da ordem pública rompe com o princípio da legalidade, pelo seu conceito indefinido, subjetivo, vago e amplo". A subjetividade da expressão dá margem a diversas interpretações que, muitas vezes, antecipam a culpa do acusado, o que possibilita certa discricionariedade do juiz na decretação. Para Oliveira[124],

> [...] em um cenário construído sobre base da anteci-pação da culpa, da antecipação da fuga e de outros prognósticos com o mesmo propósito, a cláusula da ordem pública foi instruída com evidente abertura semântica, para o fim de conceder ampla discricio-nariedade aos órgãos da persecução penal. A ordem *pública*, neste sentido, seria a ordem determinada pelo Poder Público.

Segundo o autor, a Lei n.º 12.403/2011[125] não especificou o significado da expressão "ordem pública", porém "o referencial de controle de validade" da expressão está na Constituição federal, na análise de seus princípios. Dessa forma, segundo Oliveira,

> Há na doutrina quem, diante da *abertura desmedida* do texto e da ausência de explicitação de seu sen-tido, rejeite inteiramente a sua adoção. Para esse

---

[121] TÁVORA; ALENCAR, 2014, p. 849.

[122] TOURINHO FILHO, 2014, p. 510.

[123] KATO, Maria Ignez Lanzallotti Baldez. **A (des)razão da prisão provisória**. Rio de Janeiro: Lumen Juris, 2005. p. 117.

[124] OLIVEIRA, Eugênio Pacelli de. **Curso de processo penal**. 18. ed. São Paulo: Atlas, 2014. p. 650.

[125] BRASIL, 2011.

entendimento, o princípio da não culpabilidade não deixaria espaço para a atuação de uma regra de tamanha abstração.[126]

Com isso, o decreto prisional lastreado em suposta ordem que se diz pública fere o princípio da presunção de não culpabilidade; mesmo assim, de forma quase unânime, a jurisprudência atribui sentido que se pauta em presunção. Ao analisar os principais julgados, Dezem[127] afirma que "a jurisprudência sobre ordem pública assenta-se na ideia de probabilidade de reiteração de conduta".

As decisões judiciais pela decretação da prisão preventiva, quando firmadas em tal expressão, acabam por entrar na opção moral do acusado, valorando sua ética, ao traçar um perfil do "perigoso", adotando um paradigma etiológico, por considerar "a biografia do sujeito como estigma da criminalização"[128].

Delmanto Júnior afirma que há exceção na abstração da expressão, quando turbada a regularidade da instrução processual. Segundo o autor,

> [...] há que se abrir uma exceção quando a perturbação da ordem pública vier, em casos extremos, a efetivamente *tumultuar o bom andamento da persecução penal*, seja na fase do inquérito ou do processo. Essa perturbação atingiria, então, a própria *regularidade dos atos dessa persecução* [...].[129]

Assim, o magistrado deverá agir com cautela em relação à repercussão dada pelos meios de comunicação e "clamor público" noticiado:

> Tal dramatização visa mais aumentar a audiência televisiva ou radiofônica, ou, ainda, o número de leitores de periódicos, com finalidade precípua

---

[126] OLIVEIRA, 2013, p. 650.

[127] DEZEM, Guilherme Madeira. **Curso de processo penal**. 6. ed. São Paulo: Thomson Reuters, 2020. p. 950.

[128] KATO, 2005, p. 119.

[129] DELMANTO JUNIOR, Roberto. **As modalidades da prisão provisória e seu prazo de duração**. 2. ed. Rio de Janeiro: Renovar, 2001. p. 184, grifo do autor.

de valorizar o espaço para a propaganda, do que, realmente, informar de forma isenta o ocorrido.[130]

A prisão preventiva para garantia da ordem pública não é instrumental; "tem em mira alvo distinto"[131] e não implica proteção ao processo. Para o autor, a

> [...] expressão *garantia da ordem pública*, todavia, é de dificílima definição. Pode prestar-se a justificar um perigoso controle da vida social, no ponto em se arrima na noção de ordem, e pública, sem qualquer referência ao que seja efetivamente desordem.[132]

Ao abordar o significado da expressão pela jurisprudência como risco de reiteração delituosa ou gravidade do crime, Oliveira[133] afirma que "de uma maneira ou de outra, estar-se-ia partindo de uma antecipação de culpabilidade".

A ordem pública não deve se sobrepor à cautelaridade da prisão ou mesmo servir a um juízo antecipatório do risco ou perigo que se presume. Se não há riscos à efetividade da fase de investigação ou processo, não há que se falar em ordem pública.

2.1.2 Hipóteses de cabimento: garantia da ordem econômica

A expressão "garantia da ordem econômica", como hipótese de cabimento da prisão cautelar preventiva, foi introduzida no CPP Lei n.º 8.884/1994[134], conhecida por antitruste, que buscou reprimir os crimes contra a ordem financeira. O conceito de ordem econômica tem o mesmo sentido de ordem pública,

> [...] porém relacionado a crimes contra a ordem econômica, ou seja, possibilita a prisão do agente caso haja risco de reiteração delituosa em relação

---

[130] DELMANTO JUNIOR, 2001, p. 184.
[131] OLIVEIRA, 2014, p. 555.
[132] *Ibidem*, p. 556.
[133] *Ibidem*, p. 557.
[134] BRASIL, 1994.

a infrações penais que perturbem o livre exercício de qualquer atividade econômica, com abuso de poder econômico (CF, art. 173, § 4º.)[135]

Ao tratarem desse assunto, Távora e Alencar afirmam que há redundância e desnecessidade da hipótese ordem econômica, pela

> [...] absoluta ociosidade do dispositivo, afinal, havendo temor da prática de novas infrações, afetando ou não a ordem econômica, já havia o enquadramento na expressão maior, que é a garantia da ordem pública. [...] a "ordem econômica estaria enquadrada em um contexto macro, que é o da preservação da ordem pública".[136]

Assim, sempre que houver risco à ordem econômica, tem-se conturbada a ordem pública. A prisão preventiva com fundamento na ordem econômica, segundo Delmanto Júnior[137], "afasta-se, por completo, de sua natureza cautelar instrumental e/ou final, transformando-se em *meio de preservação* especial e geral e, portanto, em *punição antecipada*". Na compreensão do autor, a prisão cautelar não pode ter o caráter de punição ou ressocialização ou mesmo o objetivo de desestimular outras pessoas a cometerem crimes, por serem essas finalidades as sanções penais.

A prisão preventiva baseada na garantia da ordem econômica "constitui evidente antecipação da pena, considerando sua finalidade meramente substancial, de proteção ao direito material"[138]. Ao tratar da ineficácia da expressão "ordem econômica", que prevê a decretação da preventiva pela magnitude da lesão, Oliveira[139] afirma que:

> Se o risco é contra a ordem econômica, a medida cautelar mais adequada seria o sequestro e a indisponibilidade dos bens dos possíveis responsáveis

---

[135] LIMA, 2014, p. 901.
[136] TÁVORA; ALENCAR, 2014, p. 851.
[137] DELMANTO JUNIOR, 2001, p. 192.
[138] KATO, 2005, p. 122.
[139] OLIVEIRA, 2014, p. 555.

pela infração. Parece-nos que é dessa maneira que se poderia melhor tutelar a ordem financeira, em que há sempre o risco de perdas econômicas generalizadas.

Se o perigo da liberdade do acusado estiver vinculado à ameaça à ordem econômica, Oliveira[140] argumenta que o mais adequado seria a indisponibilidade de bens e valores do responsável ou sequestro. No mesmo sentido, Lima[141] entende que não há eficácia na segregação cautelar com base na garantia da ordem pública. O autor atribui maior eficácia às medidas cautelares de natureza patrimonial, afirmando que:

> Um dos meios mais eficientes para o combate aos crimes contra a ordem econômica passa pela recuperação de ativos ilícitos, sendo imperiosa a criação de uma nova cultura, uma nova mentalidade, que, sem deixar de lado as prisões cautelares passe a dar maior importância às medidas cautelares de natureza patrimonial e aos confiscos dos valores espúrios. Em crimes contra a ordem econômica, a prisão de um e/ou mais integrantes da organização não a destruirá, sendo certo que outro agente fatalmente irá ocupar seu lugar. No entanto, se o braço financeiro da organização for atingido, torna-se possível seu enfraquecimento ou até mesmo sua destruição.[142]

O Art. 319 do CPP, inserido pela Lei n.º 12.403/2011[143], possibilita — como medida cautelar diversa da prisão, no inciso VI — a suspensão do exercício profissional e/ou função pública, como também atividade de natureza econômica ou financeira, quando houver receio da utilização para a prática de infrações penais.

---

[140] OLIVEIRA, 2014.

[141] LIMA, 2014.

[142] *Ibidem*, p. 902.

[143] BRASIL, 2011.

2.1.3 Hipóteses de cabimento: conveniência da instrução criminal

A expressão "conveniência" está vinculada a uma motivação indispensável, e não a um juízo de conveniência, baseado em presunção. Nesse sentido, Oliveira[144] afirma: "Parece-nos importante a distinção, na medida em que a expressão conveniência pode ser entendida como juízo de discricionariedade da decisão, o que, à evidência, não é do que se cuida". Assim, a conveniência deve ser compreendida como espécie de cautelaridade que objetiva proteger a ação penal de incidentes que resultem em prejuízo à dilação probatória, como, por exemplo, ameaça à testemunha, intimidação de peritos ou ofendido. Para Dezem[145], a expressão "possui significado preciso dentro da sistemática do código de Processo Penal: trata-se de hipótese em que o indiciado ou acusado atuam de maneira indevida sobre a produção probatória (instrução criminal ou investigação criminal)".

A Lei n.º 12.403/2011[146] inseriu o Art. 319 no CPP, que trata de outras medidas cautelares diversas da prisão, entre elas a proibição de contato com pessoa determinada, relacionada à ação penal, o que, de certa maneira, garante sobriedade da persecução penal e paridade entre acusação e defesa, sem a necessidade de segregação corpórea.

Kato[147] afirma que a "prisão preventiva por conveniência da instrução constitui [...] a única medida de natureza eminentemente cautelar", por constituir a cautelaridade, neste aspecto, uma das faces do devido processo legal.

Embora parcela dos doutrinadores defenda ser a hipótese conveniência da instrução criminal incompatível com a Constituição federal de 1988, no que diz respeito à presunção de inocência

---

[144] OLIVEIRA, Eugênio Pacelli de; FISCHER, Douglas. **Comentários ao código de processo penal e sua jurisprudência.** 7. ed. São Paulo: 2014. p. 647.

[145] DEZEM, 2020, p. 956-957.

[146] BRASIL, 2011.

[147] KATO, 2005, p. 122.

contido no Art. 5.º, inciso LVII, a Lei n.º 13.964/2019 inseriu no Art. 315 do CPP os parágrafos primeiro e segundo, os quais limitam a interpretação da expressão. Assim, o legislador proibiu a prisão sem que sejam indicados fatos novos concretos e contemporâneos que justifiquem a decretação da preventiva. Da mesma forma, afastou a possibilidade de fundamentação em expressões vagas que reproduzam atos normativos sem explicar a relação com a causa ou que empreguem conceitos jurídicos indeterminados, que se limitem a precedentes, enunciados ou súmulas. Assim consta na norma:

> Art. 315. A decisão que decretar, substituir ou denegar a prisão preventiva será sempre motivada e fundamentada. (Redação dada pela lei nº 13.964, de 2019)
>
> § 1º Na motivação da decretação da prisão preventiva ou de qualquer outra cautelar, o juiz deverá indicar concretamente a existência de fatos novos ou contemporâneos que justifiquem a aplicação da medida adotada. (Incluído pela lei nº 13.964, de 2019)
>
> § 2º Não se considera fundamentada qualquer decisão judicial, seja ela interlocutória, sentença ou acórdão, que: (Incluído pela lei nº 13.964, de 2019)
>
> I - limitar-se à indicação, à reprodução ou à paráfrase de ato normativo, sem explicar sua relação com a causa ou a questão decidida; (Incluído pela lei nº 13.964, de 2019)
>
> II - empregar conceitos jurídicos indeterminados, sem explicar o motivo concreto de sua incidência no caso; (Incluído pela lei nº 13.964, de 2019)
>
> III - invocar motivos que se prestariam a justificar qualquer outra decisão; (Incluído pela lei nº 13.964, de 2019)
>
> IV - não enfrentar todos os argumentos deduzidos no processo capazes de, em tese, infirmar a conclusão adotada pelo julgador; (Incluído pela lei nº 13.964, de 2019)

> V - limitar-se a invocar precedente ou enunciado de súmula, sem identificar seus fundamentos determinantes nem demonstrar que o caso sob julgamento se ajusta àqueles fundamentos; (Incluído pela lei nº 13.964, de 2019)
>
> VI - deixar de seguir enunciado de súmula, jurisprudência ou precedente invocado pela parte, sem demonstrar a existência de distinção no caso em julgamento ou a superação do entendimento. (Incluído pela Lei nº 13.964, de 2019).[148]

Ao proibir e/ou especificar o que não se admite como fundamento, a Lei n.º 13.964 firmou jurisprudência que orientava no sentido de ilegalidade a reprodução ou paráfrase de lei e, da mesma forma, o emprego indeterminado de conceitos jurídicos. Segundo Dezem[149], a proibição aplicada pelo legislador, na Lei Anticrime, não é nova e guarda similaridade com o código de processo civil; porém a modificação nas hipóteses foi importante, por consistir em limitação da fundamentação: "dito de outra forma, o legislador entendeu por bem especificar o que não pode ser admitido como fundamentação"[150].

Logo, fundamentar a decisão em conveniência da instrução criminal de forma genérica, sem indicar elementos do caso concreto, enseja ilegalidade que deverá ser impugnada pelo habeas corpus. A oposição ou a resistência do acusado à persecução penal não fundamentam a conveniência da instrução criminal, desde que não ocorra atuação indevida do acusado na dilação probatória. Na visão de Dezem,

> É importante que se entenda este adjetivo: atuação indevida. Isso porque jamais poderá ser decretada a prisão preventiva caso se trate de exercício de um direito do acusado. Assim, por exemplo, pensemos

---

[148] BRASIL. **Lei nº 13.964 de 24 de dezembro de 2019.** Aperfeiçoa a legislação penal e processual penal. 2019. Disponível em: http://www.planalto.gov.br/ccivil_03/_ato2019-2022/2019/lei/L13964. htm. Acesso em: 7 jun. 2021.

[149] DEZEM, 2020.

[150] *Ibidem*, p. 945.

na hipótese de exame grafotécnico. Não poderá ser decretada a prisão preventiva neste caso na medida em que o acusado não é obrigado a fornecer este tipo de material. O exercício de um direito não poderá conduzir à prisão preventiva.[151]

No mesmo sentido, Delmanto Júnior[152] alega que as "atitudes contrárias aos interesses da instrução jamais podem se caracterizar pela negativa do acusado em colaborar, em função dos seus direitos ao silêncio e à ampla defesa". Quando a cautelaridade da prisão for fundamentada na conveniência da instrução criminal, essa não deve ser mantida após a dilação probatória, caso seja a única fundamentação, pois, ao término da instrução, não há que se falar em cautelaridade do que finalizou.

2.1.4 Hipóteses de cabimento: assegurar a aplicação da lei penal

A prisão preventiva que visa assegurar a aplicação da lei penal deverá ter como preocupação o risco real de fuga do réu e, de igual forma, a ineficácia da condenação ou decisão condenatória. Oliveira[153] esclarece que a "prisão há de ser fundada em dados concretos da realidade, não podendo revelar-se fruto de mera especulação teórica dos agentes públicos, como ocorre com a simples alegação fundada na riqueza do réu". Segundo o autor, apesar de ser uma possibilidade, não é motivação suficiente para a decretação e, por esse motivo, faz-se necessário o risco manifesto à aplicação da lei penal. Dezem[154] compartilha desse entendimento, ao afirmar que:

> Não basta aqui a mera previsão genérica de fuga do acusado, por exemplo, pelo fato de o acusado possuir dupla nacionalidade ou ser rico. Há necessi-

---

[151] DEZEM, 2020, p. 957.

[152] DELMANTO JUNIOR, 2001, p. 173.

[153] OLIVEIRA, 2014, p. 554.

[154] DEZEM, 2020, p. 957.

dade de atos concretos que evidencie que o acusado está a se pôr em fuga. Assim, por exemplo, caso haja fuga do indiciado ou acusado do distrito de culpa tem sido reconhecida a possibilidade de decretar a prisão preventiva.

Com indícios concretos de fuga e/ou demonstração de desinteresse do acusado na aplicação da lei penal, não configurando hipótese genérica, temos uma cautelaridade que torna a prisão preventiva uma medida que resguarda a eficácia da lei, por garantir sua aplicação. Kato[155] sustenta que

> [...] a prisão provisória como garantia da aplicação da lei penal significaria legitimar o acautelamento provisório vinculado ao cumprimento da pena. Além do mais, evidencia a ineficácia do próprio sistema no cumprimento de suas decisões jurisdicionais.

Para a autora, a expressão "garantia da aplicação da lei penal"[156] possibilita inúmeras impropriedades na sua aplicação, por significar antecipação da punição, baseada em presunção,

> [...] o que implica, sem dúvida, em arbítrio na sua decretação. Além do mais, em sendo o direito indisponível, como é o caso da *res in judicium deducta* no processo penal, não se pode admitir a eventual proteção de uma sentença favorável, pelo cerceamento da liberdade [...].[157]

A questão econômica não pode ser considerada um fator de risco, seja fundado na riqueza, seja na pobreza do acusado; porém o que se percebe na prática jurídica é que há também fundamentações nessa suposta cautelaridade, as quais importam em criminalização da pobreza e controle social. De acordo com Batista[158],

---

[155] KATO, 2005, p. 123.

[156] Expressão utilizada no caput do Art. 312 do CPP.

[157] *Ibidem*, p. 125.

[158] BATISTA, Vera Malaguti. A criminalização da pobreza. **Amaivos**. s/p. Disponível em: http://amaivos.uol.com.br/amaivos09/noticia/noticia.asp?cod_noticia=7098 id_canal=41. Acesso em: ago. 2021.

> [...] há uma falsa posição que relaciona a questão criminal com a miséria e a pobreza. Os conservadores fazem essa associação e isso fica equacionado de uma forma quase ofensiva à pobreza. É como se a pobreza produzisse a criminalidade.

Dessa maneira, quando o decreto preventivo busca acautelar e/ou garantir a aplicação da lei penal, por não ter o acusado residência fixa, no distrito da culpa, ou por estar em situação de rua e desabrigado, tem-se uma segregação por questão econômica, que pode, também, refletir criminalização da pobreza.

Com objetivo de inibir tal fundamentação, a Lei n.º 12.403 incluiu no CPP, como medida cautelar diversa da prisão: a obrigatoriedade de o acusado comparecer de forma regular em juízo, no prazo e nas condições fixadas, para informar e justificar atividades; proibição de ausentar-se da comarca; possibilidade de monitoração eletrônica.

2.2 Condições de admissibilidade da prisão preventiva

Para que seja possível o decreto prisional preventivo, além das hipóteses de cabimento descritas no Art. 312 do CPP, os Arts. 313 e 314 listam as condições de admissibilidade. Pela leitura da norma, é possível perceber que não será admitida a decretação da prisão preventiva quando a prática delituosa se tratar de contravenção penal ou crime culposo:

> Art. 313, Nos termos do art. 312 deste Código, será admitida a decretação da prisão preventiva: (Redação dada pela lei nº 12.403, de 2011).
>
> I - nos crimes dolosos punidos com pena privativa de liberdade máxima superior a 4 (quatro) anos; (Redação dada pela lei nº 12.403, de 2011).
>
> II - se tiver sido condenado por outro crime doloso, em sentença transitada em julgado, ressalvado o disposto no inciso I do caput do art. 64 do Decreto-lei no 2.848, de 7 de dezembro de 1940 - Código Penal; (Redação dada pela lei nº 12.403, de 2011).

III - se o crime envolver violência doméstica e familiar contra a mulher, criança, adolescente, idoso, enfermo ou pessoa com deficiência, para garantir a execução das medidas protetivas de urgência; (Redação dada pela lei nº 12.403, de 2011).

IV - (revogado). (Revogado pela lei nº 12.403, de 2011).

§ 1º - Também será admitida a prisão preventiva quando houver dúvida sobre a identidade civil da pessoa ou quando esta não fornecer elementos suficientes para esclarecê-la, devendo o preso ser colocado imediatamente em liberdade após a identificação, salvo se outra hipótese recomendar a manutenção da medida. (Redação dada pela lei nº 13.964, de 2019).

§ 2º - Não será admitida a decretação da prisão preventiva com a finalidade de antecipação de cumprimento de pena ou como decorrência imediata de investigação criminal ou da apresentação ou recebimento de denúncia. (Incluído pela lei nº 13.964, de 2019).

Art. 314. A prisão preventiva em nenhum caso será decretada se o juiz verificar pelas provas constantes dos autos ter o agente praticado o fato nas condições previstas nos incisos I, II e III do caput do art. 23 do Decreto-lei no 2.848, de 7 de dezembro de 1940 - Código Penal. (Redação dada pela lei nº 12.403, de 2011).[159].

Assim, Dezem[160] pontua que: "Analisando-se os três incisos acima percebe-se que a prisão preventiva somente é admissível para crime doloso. Não se vê, em nenhuma das três condições de admissibilidade hipótese referente a crime culposo". Independentemente da natureza da pena, de reclusão ou detenção, o legislador

---

[159] BRASIL. **Lei nº 13.964, de 4 de maio de 2011.** Altera dispositivos do Decreto-Lei nº 3.689, de 3 de outubro de 1941 - Código de Processo Penal, relativos à prisão processual, fiança, liberdade provisória, demais medidas cautelares, e dá outras providências, s/p.

[160] DEZEM, 2020, p. 958.

preferiu estipular um *quantum* de pena máxima em abstrato como limite jurídico para que seja decretada a prisão cautelar.

Conforme Dezem[161], a análise da pena máxima deverá considerar as causas de aumento, no valor máximo, e as causas de diminuição, no valor mínimo; porém, não se deve considerar as agravantes e atenuantes. Apesar de o CPP (inciso I do Art. 313) considerar a pena máxima de quatro anos em abstrato, a hermenêutica jurídica deverá considerar a possível pena em concreto, com o julgamento e condenação, o que é apontado pelas doutrinas como prognóstico.

Portanto, mesmo que o crime comporte pena máxima superior a quatro anos, caso o acusado seja primário, com possibilidade de condenação no mínimo legal, bem como substituição da pena, não será razoável e/ou legal a prisão preventiva, por ser desproporcional. Conforme Dezem[162], "pelo critério da proporcionalidade em sentido estrito, não se pode de maneira alguma pretender divorciar-se da realidade, ou seja, da pena projetada na sentença".

O parâmetro mínimo da pena máxima em abstrato deve ser observado pelo magistrado, considerando a possibilidade de apenamento do acusado, para que o decreto preventivo não se torne mais gravoso que a pena em concreto. A esse respeito, Dezem[163] traz o seguinte exemplo:

> [...] imaginemos o crime de lesão corporal grave (art. 129, §1º do CP) que possui pena de 1 a 5 anos de prisão. Em tese é admissível a prisão preventiva, mas quando se pensa na pena em concreto de acusado primário e de bons antecedentes, dificilmente haverá proporcionalidade em sentido estrito a justificar a medida.

Importante explicar que, no exemplo citado pelo autor, a lei permite uma espécie de benefício, constante no Art. 89 da Lei n.º

---

[161] DEZEM, 2020.

[162] *Ibidem*, p. 959.

[163] *Ibidem*, p. 959.

9.099/1995, chamado suspensão condicional do processo, que a doutrina especifica como instituto despenalizador: quando a pena mínima cominada ao crime for igual ou inferior a um ano, é direito subjetivo do réu ter a proposta, por parte do Ministério Público, de suspensão do processo pelo período de dois a quatro anos. Dessa forma, havendo a possibilidade de desagravar a sanção penal, não é razoável que a proteção da persecução penal, com a medida cautelar extrema, seja mais gravosa que a consequência e/ou sanção penal.

Ao decretar a prisão preventiva, o juiz deve analisar se, ao fim do processo, a pena privativa de liberdade poderá ser aplicada ao réu. Nesse sentido, Lima[164] entende que:

> Assim, se o juiz, *ab initio*, perceber que o crime cometido pelo agente terá sua pena privativa de liberdade convertida em restritiva de direito, não faz sentido que decrete uma prisão preventiva. Impõe-se, pois, a observância da homogeneidade ou proporcionalidade entre a prisão preventiva a ser decretada e a eventual condenação a ser proferida.

Oliveira[165] aponta três exceções quanto ao limite imposto pelo Art. 313 do CPP, relacionadas à pena privativa de liberdade superior a quatro anos.

A primeira exceção estaria no crime de associação criminosa e cárcere privado, que possuem pena máxima de três anos, por serem praticados em conexão com outros crimes e "porque se trata de crimes com grande potencial lesivo – ainda que a pena máxima não supere três anos – não vemos como recusar o cabimento da decretação, não só da temporária, mas também da preventiva"[166]. Assiste razão ao autor, uma vez que a associação criminosa [inserida no Art. 288 do Código Penal (CP)] tem o fim específico de cometer crimes, bem como pelo fato do sequestro e cárcere privado (Art. 147 do CP) estar sempre em concurso com outros crimes.

---

[164] LIMA, 2014, p. 907.
[165] OLIVEIRA, 2014.
[166] *Ibidem*, p. 561.

A segunda exceção refere-se ao regramento dos Arts. 69, 70 e 71 do CP, os quais disciplinam os concursos de crimes em: material, formal e continuado. Assim, se há concurso material na prática de dois ou mais crimes, o prognóstico visará a soma das penas, respeitando o que disciplina o Art. 313, inciso I, do CPP. No concurso formal, a observação será em torno do aumento de um sexto à metade. Da mesma forma, nos crimes continuados, em que o prognóstico do teto superior a quatro anos considerará o aumento de um a um sexto a dois terços do concurso, pois "o juízo acerca da inviolabilidade da prisão preventiva autônoma, com a observância do teto da pena superior a quatro anos, é, assim de proporcionalidade, no sentido de proibição do excesso"[167].

Se os crimes praticados em concurso estiverem em jurisdições distintas, não possibilitará uma análise do prognóstico ou possível condenação que alcance pena superior a quatro anos, nos termos do Art. 313, inciso I, do CPP, para fundamentar a preventiva e sua admissibilidade.

Oliveira[168] ressalta que, ao responder a mais de uma ação penal, o indivíduo pode ter contra si um juízo desfavorável, caso a somatória das sanções ultrapasse os quatro anos, e ajusta-se à regra do *quantum* de pena admissibilidade. Segundo o autor,

> A ressalva que fazemos é que, em princípio, tais concursos de crimes deverão ser objetos de reunião de processos, por conexão ou por continência, de modo a deixar em mãos de um único juiz o exame da pertinência e do cabimento e adequação da decretação da prisão, ou a imposição de outras cautelares.[169]

Dessa forma, sem a reunião dos processos, o acusado estará submetido à jurisdição distinta, o que impossibilita uma adequada análise do prognóstico, como já afirmamos. O mesmo dá-se em

---

[167] OLIVEIRA, 2014, p. 563.
[168] *Ibidem.*
[169] *Ibidem*, p. 563.

relação ao inquérito policial. Se há vários inquéritos em diversas jurisdições, não há que se falar em admissibilidade e prognóstico seguro.

A terceira exceção, inserida no Art. 313, inciso III, do CPP, buscou tutelar e/ou reforçar o Art. 20 da Lei n.º 11.340/2006[170], que cria mecanismos para coibir violência doméstica e familiar contra a mulher. O Art. 20 da referida lei autoriza a prisão preventiva de agressores, mesmo que o prognóstico não atenda ao inciso I do Art. 313 do CPP, considerando-se que o objetivo da prisão preventiva é assegurar a eficácia das medidas protetivas de urgência em favor da mulher, quando não forem adequadas outras medidas cautelares diversas da prisão.

Dezem e Souza[171] lembram que

> [...] o legislador expressamente rechaça a possibilidade do uso da prisão preventiva com a finalidade de antecipação de cumprimento de pena ou como decorrência imediata de investigação criminal ou da apresentação ou recebimento de denúncia.

Para os autores, tais proibições evitam decretos baseados em questões midiáticas e clamor público.

Para ser decretada, a prisão preventiva exige a análise da legitimidade para o decreto (*cf.* Art. 311 do CPP), das hipóteses de cabimento (*cf.* Art. 312), das condições de admissibilidade (*cf.* Arts. 313, 314 e 315). Além do relacionamento entre os artigos citados, há que observar garantias fundamentais, como: presunção de inocência; inviolabilidade do domicílio, quando da execução; direito ao silêncio, que não importe em confissão, entre tantas outras. No Quadro 12, a seguir, trazemos observações acerca dos artigos mencionados:

---

[170] BRASIL, 2006.

[171] DEZEM, Guilherme Madeira; SOUZA, Luciano Anderson de. **Comentários ao pacote anticrime Lei 13.964/2019**. São Paulo: Revista dos Tribunais, 2020, p. 136.

Quadro 12 – Observações aos artigos do CPP

Observações ao Art. 312 e parágrafos: hipótese de cabimento	Observações ao Art. 313: condições de admissibilidade e § 2.º	Observações ao Art. 314
Existência do crime e indícios suficientes de autoria, somados à garantia da ordem pública ou garantia da ordem econômica, ou por conveniência da instrução criminal, ou para assegurar a aplicação da lei penal, com a decisão fundamentada em fatos novos e contemporâneos que justifiquem o perigo da liberdade e medida adotada.	Que o crime seja doloso, com pena privativa de liberdade máxima maior que quatro anos, ou que o acusado seja reincidente em crime doloso, e também nos casos que envolvem violência doméstica familiar contra mulher ou criança, adolescente, idoso, pessoa com enfermidade ou deficiência. § 2.º Não poderá ser decretada para antecipar a pena ou para investigar ou como decorrência imediata da apresentação ou recebimento de denúncia.	Não poderá ser decretada, quando o agente pratica o fato revestido de uma excludente de ilicitude (Art. 23, I, II, III).

Fonte: o autor (2022), com base na leitura simplificada do Art. 319 do CPP

Com a análise das hipóteses de cabimento (Art. 312) e condições de admissibilidade (Arts. 313 e 314), passamos a observar a limitação da fundamentação do decreto preventivo (Art. 315), conforme Quadro 13:

Quadro 13 – Limitação da fundamentação do decreto preventivo

Ao teor do Art. 315 do Código de Processo Penal, a decisão da prisão preventiva terá, sempre, de ser motivada e fundamentada nos termos seguintes:
a) A motivação da preventiva deverá indicar de forma concreta a existência de fatos novos ou contemporâneos que justifiquem o decreto prisional (§ 1.º).
b) Não será considerada fundamentação nenhuma decisão que se limite a indicação, reprodução, paráfrase de ato normativo, sem que indique e/ou explique a relação com a causa ou com a questão decidida (§ 2.º, I).
c) Não será considerada como fundamentação nenhuma decisão que empregar conceitos jurídicos indeterminados, sem explicar o motivo concreto de sua incidência no caso (§ 2.º, II).
d) Não será considerada fundamentação nenhuma decisão que invocar motivos que se prestam a justificar qualquer outra decisão (§ 2.º, III).
e) Não será considerada como fundamentação da prisão preventiva decisão que não enfrentar todos os argumentos deduzidos no processo capazes de enfraquecer a conclusão adotada pelo julgador (§ 2.º, IV).
f) Não será considerada fundamentação da prisão preventiva decisão que se limitar a precedentes, enunciados de súmula, sem apontar os fundamentos que determinam a prisão ou demonstrar que o caso sob julgamento se ajusta àqueles fundamentos (§ 2.º, V).
g) Não será considerada como fundamentação decisão que deixar de seguir enunciado de súmula, jurisprudência ou precedente invocado pela parte, sem demonstrar a existência de distinção no caso em julgamento ou a superação do entendimento (§ 2.º, VI).

Fonte: o autor (2022), com base no Art. 315 do CPP e no estudo de Dezem e Souza (2020, p. 137)

O Art. 316, que trata da revogação da prisão preventiva e nova decretação, foi renovado pela Lei n.º 13.964/2019, que incluiu o parágrafo 1.º, o qual determina a revisão da manutenção, a cada 90 dias, pelo órgão emissor da decisão. Apesar da dicção legal do parágrafo, o Supremo Tribunal Federal (STF) firmou o entendimento de que o juízo competente deverá ser instado a reavaliar a necessidade da prisão. Assim, a falta de revisão a cada 90 dias não conduz à revogação e/ou à ilegalidade da prisão.

2.3 Intervenção legislativa

A legislação brasileira busca, de forma gradativa, modificar e/ou aperfeiçoar, no Código de Processo Penal, dispositivos que versam sobre prisões cautelares, em especial a prisão preventiva. Assim, reformas em matéria de prisão preventiva foram introduzidas pela Lei n.º 12.403/2011[172] e complementadas pela Lei n.º 13.964/2019. Nesse contexto, Dezem e Souza[173] declaram que

> [...] os artigos que cuidam da prisão preventiva também demonstram a tese que [...] a reforma de 2019 das medidas cautelares pessoais representam continuidade e aprofundamento das reformas havidas em 2011.

Os referidos autores compreendem que houve aprofundamento da legislação em pontos que merecem destaques. Antes da reforma introduzida pela Lei n.º 12.403/2011, a legitimidade para requerer e representar pela preventiva era do Ministério Público ou querelante e autoridade policial, sendo decretada, também, de ofício pelo juiz, fosse na fase de inquérito, fosse da instrução criminal.

Com a redação dada ao Art. do CPP pela Lei n.º 12.403[174], o juiz deixou de ter legitimidade para decretar de ofício, durante a investigação. Da mesma forma, ocorreu mudança na redação do dispositivo legal para autorizar o requerimento do assistente de acusação, pelo decreto preventivo.

Ao tecer comentários sobre a alteração ocorrida em 2011, Nucci[175] afirma que a reforma corrige parte da legitimação judi-

---

[172] BRASIL, 2011.

[173] DEZEM; SOUZA, 2020, p. 133.

[174] BRASIL, 2011.

[175] NUCCI, Guilherme de Souza. **Prisão e liberdade**: de acordo com a Lei 12.403/2011. 2. ed. São Paulo: Revista dos Tribunais, 2012. p. 82.

cial, o que evita a atuação de ofício do magistrado "pelo menos na fase policial". Segundo o autor, o juiz jamais deveria decretar a prisão preventiva de ofício, por se tratar de medida extrema, e que, por isso, "haveria, sempre, de existir um expresso pedido da parte interessada".

As observações do estudioso e o anseio da doutrina foram atendidos e complementados pela Lei n.º 13.964/2019, a qual passou a proibir o decreto preventivo pelo juiz de ofício, até mesmo na ação penal. No Quadro 14, apresentamos as alterações de 2011 e 2019.

Quadro 14 – Mudanças com a intervenção legislativa de 2011 e 2019

Antes da Lei n.º 12.403/2011	Com a Lei n.º 12.403/2019
O juiz poderia decretar de ofício a prisão preventiva, tanto na fase de inquérito policial, como na instrução criminal (processo). Não havia, no texto do Art. 311 do CPP, a figura do assistente de acusação como parte legítima para requerer a preventiva.	O juiz ficou proibido de decretar a prisão preventiva de ofício, durante a fase de inquérito. Passou a ser necessário o requerimento do MP, do querelante ou assistente ou representação da autoridade policial. Aqui acrescentou a legitimidade do assistente da acusação para requerer a prisão preventiva.
O juiz poderia decretar de ofício a prisão preventiva, durante o processo.	O juiz ficou proibido de decretar a prisão preventiva de ofício durante o processo.

Fonte: o autor (2022), com base na leitura das Leis n.º 12.403/2011 e 13.964/2019

A reforma de 2011, que permitiu o requerimento do assistente da acusação pela preventiva, oportunizou uma participação da vítima na persecução penal, em ação proativa, na busca de provimento judicial que entender como justo, o que, para Nucci, foi oportuno, já que deixou de considerar a vítima "como mera expectadora do processo".

Segundo o autor, "figurando como pessoa ofendida pelo crime, nada mais justo que poder indicar ao juiz a medida cautelar consistente na prisão preventiva. A vítima é a pessoa mais indicada para saber se o réu, em liberdade, pode causar-lhe transtornos"[176]. Dessa maneira, não cabe ao juiz fazer a vez do titular da ação penal, em detrimento dos legítimos interessados, o que, de certa forma, preserva a imparcialidade e a paridade das armas entre acusação e defesa, pois "fica claro que o juiz não pode mais decretar a prisão preventiva de ofício, especialmente quando se compara a redação anterior"[177], o que preserva o sistema acusatório[178] e acaba de vez com o entendimento de ser o sistema brasileiro processual de natureza mista[179]. Oliveira[180] alega que:

> [...] o grande passo dado pela lei nº 13.964/19 foi na direção de maior esclarecimento legislativo em torno da estrutura acusatória de processo. O novo art. 3º-A, ao estipular a vedação expressa da iniciativa judicial como *substitutiva* do ônus acusatório que recai no autor da ação penal, vem consagrar, em definitivo, o modelo acusatório no processo penal brasileiro, deixando claro que o juiz não é detentor de iniciativa probatória *autônoma*, mas apenas para fins de esclarecimento de dúvida sugerida na instrução.

Pela reforma da Lei n.º 13.964/2019, a limitação ou mesmo a proibição da atuação do juiz se refere à produção de provas não requeridas pelas partes, ou seja, de atuação em substituição ao órgão acusador e, de igual forma, quanto ao decreto preventivo. A Lei n.º 12.403/2011 não alterou os requisitos do Art. 312 do CPP, para o decreto cautelar preventivo. De acordo com Nucci[181],

---

[176] NUCCI, 2012, p. 82.

[177] DEZEM, 2020.

[178] Sistema acusatório é o sistema processual adotado pelo ordenamento jurídico pátrio, que se distingue do sistema inquisitivo; o primeiro tem bem definidos os papéis de quem investiga, acusa e julga; no segundo, o juiz também atua na fase de investigação e coleta de peças de informação.

[179] No sistema de natureza mista, há feições acusatórias e inquisitoriais. Assim, por muito tempo, parcela da doutrina defendia que a mera existência do inquérito policial, que antecede a fase processual, indicaria tal sistema misto.

[180] OLIVEIRA, Eugênio Pacelli de. **Curso de processo penal**. 25. ed. São Paulo: Atas, 2021. p. 9.

[181] NUCCI, 2012, p. 83.

> [...] ao menos, três fatores para a sua decretação: a) prova da existência do crime (materialidade) + b) indício suficiente de autoria (razoáveis indicações, pela prova colhida até então, de ser o indiciado ou réu o seu autor) + c) elemento variável: c.1) garantia da ordem pública; ou c.2) garantia da ordem econômica; ou c.3) conveniência da instrução criminal; ou c.4) garantia da aplicação da lei penal.

A reforma introduzida pela Lei 12.403/2011 deixou de precisar o sentido das expressões "garantia da ordem pública", "garantia da ordem econômica", "conveniência da instrução criminal" e "garantia da aplicação da lei penal". Na concepção de Nucci[182],

> [...] o legislador poderia ter ousado, definindo ou detalhando o que vem a ser cada um dos fatores da prisão preventiva, ao menos os mais abrangentes, como garantia da ordem pública e da ordem econômica.

Apesar de o legislador não ter definido o sentido das expressões ou realizado mudança substancial, a legislação de 2011 acrescentou ao Art. 312 um parágrafo único, que tratou da conversão de outras medidas cautelares, decretadas, em preventivas, no caso de descumprimento. Com a Lei 13.964/2019, o parágrafo único deixou de existir, porém sua redação passou a fazer parte do parágrafo 1.º, inserido pela nova lei. Da mesma forma, à reforma do dispositivo legal foi acrescido o parágrafo 2.º, que passou a exigir, nos decretos preventivos, motivação fundamentada em "receio de perigo e existência de fatos novos ou contemporâneos", conforme a Lei n.º 13.964/2019[183], e também prova da existência de perigo que a liberdade do acusado gera para a persecução penal. Dezem e Souza[184] pontuam que o

> [...] perigo gerado pelo estado de liberdade do imputado era conhecido como *periculum libertatis*. E no próprio artigo 312 já havia a identifica-

---

[182] NUCCI, 2012, p. 83-84.

[183] BRASIL, 2019.

[184] DEZEM; SOUZA, 2020, p. 134.

ção do *periculum libertatis* como sendo uma das seguintes hipóteses: garantia da ordem pública, ou garantia da ordem econômica, conveniência da instrução criminal ou para assegurar a aplicação da lei penal.

Apesar de, mais uma vez, não fazer constar o significado das expressões no texto legal de forma expressa, o legislador sinalizou em que situação as expressões podem servir de fundamentação, ou seja, na demonstração do perigo gerado pela liberdade do réu ou investigado.

A justificativa para a ausência de definição das expressões nas duas reformas trazidas pelas Leis n.º 12.403/2011 e 13.964/2019 encontra pertinência para parte da doutrina; nas ponderações de Nucci[185],

> [...] não o fez possivelmente para continuar tolerando seja o juiz o protagonista da conceituação, conforme o caso concreto. Qualquer interferência, nesse setor, poderia dar margem ao cerceamento no uso da prisão cautelar.

Ousamos discordar do autor, já que, ao inserir a expressão "perigo gerado pelo estado de liberdade do imputado"[186], o legislador buscou inibir a imprecisão semântica das expressões: "garantia da ordem pública", "garantia da ordem econômica", "garantia da instrução da ação penal" e "garantia da aplicação da lei penal". O parágrafo 2.º do Art. 312 facilita a compreensão do perigo da liberdade do imputado, ao positivar o momento e/ou tempo em que deve ser analisado. Dessa maneira, tal perigo deve ter características de atualidade. No Quadro 15, a seguir, sintetizamos as alterações legislativas supracomentadas:

---

[185] NUCCI, 2012, p. 84.

[186] Expressão acrescida pela Lei n.º 13.964/2019 no caput do Art. 312 do CPP.

Quadro 15 – Alterações legislativas

Antes da Lei n.º 12.403/2011	Com a Lei n.º 12.403/2011
O caput da redação do Art. 312 do CPP autorizava a prisão com base nas expressões: "garantia da ordem pública", "garantia da ordem econômica", "garantia da instrução da ação penal" e "garantia da aplicação da lei penal", somadas, de forma isolada, com a prova da existência do crime e indício suficiente de autoria. Não havia norma quanto ao sentido das expressões.	Não houve mudança sistemática, mas a norma inseriu um parágrafo único que autorizava a conversão de medidas cautelares impostas, em preventiva, em caso de descumprimento.
Antes da Lei n.º 13.964/2019	**Com a Lei n.º 13.964/2019**
Não havia no caput do Ar.t 312 do CPP a obrigação, expressa em norma, da demonstração do perigo da liberdade do imputado, nem motivação fundamentada em receio de perigo e existência de fatos atuais e novos.	O juiz passa a ter de fundamentar a preventiva no risco que a liberdade do acusado ou investigado gera para persecução penal, de forma atual, por meio de fatos novos e contemporâneos.

Fonte: o autor (2022), com base na leitura das normas reformadoras

A norma que versa sobre o cabimento da prisão preventiva (do Art. 312 CPP) foi aperfeiçoada pela lei de 2019, que buscou corrigir a imprecisão das expressões. Observando a reforma do Art. 312 pela Lei n.º 12.403/2011, e a possibilidade de antecipação da pena, Amaral e Silveira[187] comentam que um dos critérios previstos era e continuou sendo "excessivamente vago, permitindo que nele se encaixe qualquer argumento". Conforme os estudiosos, do ponto de vista da argumentação, a largueza semântica da expressão "ordem pública" comporta e/ou abriga tudo.

---

[187] AMARAL, Cláudio do Prado; SILVEIRA, Sebastião Sérgio da. **Prisão, liberdade e medidas cautelares no processo penal**: as reformas introduzidas pela Lei nº 12.403/2011 comentadas artigo por artigo. Leme: JH Mizuno, 2012. p. 95.

Dezem e Souza[188] reconhecem que o parágrafo 2.º do Art. 312 do CPP, inserido pela nova lei, "positiva em nosso sistema a atualidade da medida cautelar e, mais especificamente, da prisão preventiva".

Pela redação inserida no caput do Art. 312 do CPP, como o perigo gerado pelo estado de liberdade do imputado e, também, a necessidade de fato novo e contemporaneidade (parágrafo 2.º), é possível afirmar que houve continuidade e/ou aperfeiçoamento da reforma de 2011, com o objetivo de adequar a matéria sobre prisão às normas constitucionais e obstar a "vaguidade semântica" levantada por Amaral e Silveira[189].

Fatos novos e contemporaneidade apresentam uma tênue diferença: contemporaneidade "consiste na relação de atualidade entre o fato praticado e a prisão decretada ou; fatos novos - que consiste na relação de atualidade entre a decretação da prisão e o fato que embasa esse decreto"[190].

De acordo com Dezem e Souza[191], é difícil estabelecer critérios objetivos que caracterizam a atualidade, por haver situações que a evidenciam, como é o caso da prisão preventiva após a prisão em flagrante; porém, da mesma forma, há situações concretas em que não isso não é possível. Por exemplo:

> [...] imaginemos que um crime seja cometido há dez anos. Descoberto recentemente, é oferecida a denúncia contra o réu e, durante a instrução, surgem provas de que o réu está ameaçando testemunhas ou tentando empreender fuga.[192]

Nessa situação, não haverá fatos novos a justificar a decretação da prisão preventiva, como indicado textualmente no Art. 312, § 2.º, do CPP. Os autores esclarecem que a prisão preventiva

---

[188] DEZEM; SOUZA, 2020, p. 135.
[189] AMARAL; SILVEIRA, 2012.
[190] DEZEM; SOUZA, 2020, p. 135.
[191] *Ibidem.*
[192] *Ibidem*, p. 136.

não pode ser decretada fundamentada em "elementos que não lhes são próprios", por não ser sinônimo de antecipação da pena e servir de instrumento cautelar.

O Art. 313 do CPP, da admissibilidade da prisão preventiva, não sofreu grande alteração pela Lei n.º 13.964/2019. A reforma mais acentuada foi introduzida pela Lei n.º 12.403/2011. Anteriormente, a admissibilidade estaria nos crimes dolosos, punidos com reclusão e detenção, quando apurado ser o indiciado "vadio"[193] ou quando houvesse dúvidas sobre sua identidade, ou, ainda, quando não fornecesse esses elementos para esclarecê-la. De igual forma, caso o réu fosse reincidente em um crime doloso, com sentença transitada em julgado e, também, em caso de crime que envolvesse violência doméstica e familiar contra a mulher, nos termos da Lei n.º 11.340/06, para garantir as medidas protetivas de urgência.

Com a reforma introduzida pela Lei n.º 12.403/2011, mudanças importantes ocorreram no que se refere à análise e prognósticos do decreto preventivo, como é o caso do elemento subjetivo dolo. Segundo Nucci[194],

> [...] a modificação do artigo 313 do CPP foi substanciosa, envolvendo vários pontos relevantes, já apontados pela doutrina e pela jurisprudência como fatores a merecer alteração. Em primeiro lugar, seguindo-se tendência a ser adotada pelo Direito Penal, elimina-se a distinção entre reclusão e detenção, algo que na prática, nunca funcionou devidamente. Portanto, para decretação da preventiva, não mais se difere o delito em função da espécie da pena privativa de liberdade (reclusão ou detenção), mas, sim, em razão do elemento subjetivo, apontando-se o dolo como referencial.

No Quadro 16, *infra*, trazemos uma descrição das alterações substanciais — antes e depois da Lei 12.403/2011 — apontadas

---

[193] Expressão usada na antiga redação do Art. 313, anterior à Lei n.º 12.403/2011.

[194] NUCCI, 2012, p. 88-89.

por Nucci[195] como a exclusão da natureza do delito e inclusão do elemento subjetivo dolo e pena privativa de liberdade máxima superior a quatro anos.

Quadro 16 – Antes e depois da Lei 12.403/2011

Antes da Lei n.º 12.403/2011	Com a Lei n.º 12.403/2011
Art. 313. Em qualquer das circunstâncias, previstas no artigo anterior, será admitida a decretação da prisão preventiva nos crimes dolosos: I - punidos com reclusão; II - punidos com detenção, quando se apura que o indiciado é vadio ou, havendo dúvida sobre a sua identidade, não fornecer ou não indicar elementos para esclarecê-la; III - se o réu tiver sido condenado por outro crime doloso, em sentença transitada em julgado, ressalvado o disposto no parágrafo único do art. 46 do Código Penal; IV - se o crime envolver violência doméstica e familiar contra a mulher, nos termos da lei específica, para garantir a execução das medidas protetivas de urgência.	Art. 313. Nos termos do art. 312 deste Código, será admitida a decretação da prisão preventiva: I – nos crimes dolosos punidos com pena privativa de liberdade máxima de 4 (quatro) anos – se tiver sido condenado por outro crime doloso, em sentença transitada em julgado, ressalvado o disposto no inciso I do *caput* do art. 64 do Decreto-Lei 2.848, de 7 de dezembro de 1940 – Código Penal; III – se o crime envolver violência doméstica e familiar contra a mulher, criança, adolescente, idoso, enfermo ou pessoa com deficiência, para garantir a execução das medidas protetivas de urgência; IV – (revogado). **Parágrafo único.** Também será admitida a prisão preventiva quando houver dúvida sobre a identidade civil da pessoa ou quando esta não fornecer elementos suficientes para esclarecê-la, devendo o preso ser colocado imediatamente em liberdade após a identificação, salvo se outra hipótese recomendar a manutenção da medida.

Fonte: o autor (2022), com base na leitura do CPP, antes e depois da Lei n.º 12.403/2011

---

[195] NUCCI, 2012.

Com a Lei 12.403/2011, a prisão preventiva passou a ser autorizada, quando o crime for doloso, com a pena privativa máxima superior a quatro anos. Os crimes em que a pena máxima não supera quatro anos deixaram, em regra, de comportar a prisão preventiva, como é o caso do furto simples, que tem pena máxima de quatro anos.

Com a restrição criada pelo parâmetro da pena máxima, a legislação possibilitou a aplicação de outras medidas cautelares diversas da prisão, ao inserir com a reforma nova redação no Art. 319 do CPP. A Lei n.º 13.964/2019 inclui dois parágrafos da norma: o primeiro autoriza a prisão preventiva para identificação do imputado; o segundo registra a proibição do decreto preventivo com a finalidade de antecipação de cumprimento de pena ou para investigar, ou mesmo decorrência imediata da apresentação ou recebimento da denúncia.

Nas Leis n.º 12.403/2011 e 13.964/2019, percebem-se mudanças profundas na compreensão do legislador quanto às expressões "fundamentar" e "motivar". Antes, o Art. 315 do CPP trazia a necessidade de fundamentar a decisão do decreto preventivo; a Lei n.º 12.403/2011 fez constar no texto legal desse artigo a obrigatoriedade de motivar a decisão. Com a reforma introduzida pela Lei n.º 13.964/2019, recuou o legislador, para fazer constar no texto as duas expressões, "motivada e fundamentada", e acrescentou à norma como deve ser a motivação e o que não se considera fundamentação em rol exemplificativo. No Quadro 17, sintetizamos a fundamentação e motivação nas alterações legislativas.

Quadro 17 – A fundamentação e motivação nas alterações legislativas

Antes da Lei n.º 12.403/2011	Art. 315. O despacho que decretar ou denegar a prisão preventiva será sempre fundamentado[196].
Com a Lei n.º 12.403/2011	Art. 315. A decisão que decretar, substituir ou denegar a prisão preventiva será sempre motivada[197]
Com a nova Lei n.º 13.964/2019	Art. 315. A decisão que decretar, substituir ou denegar a prisão preventiva será sempre motivada e fundamentada. § 1º Na motivação da decretação da prisão preventiva ou de qualquer outra cautelar, o juiz deverá indicar concretamente a existência de fatos novos ou contemporâneos que justifiquem a aplicação da medida adotada. § 2º Não se considera fundamentada qualquer decisão judicial, seja ela interlocutória, sentença ou acórdão, que: I - limitar-se à indicação, à reprodução ou à paráfrase de ato normativo, sem explicar sua relação com a causa ou a questão decidida; II - empregar conceitos jurídicos indeterminados, sem explicar o motivo concreto de sua incidência no caso; III - invocar motivos que se prestariam a justificar qualquer outra decisão; IV - não enfrentar todos os argumentos deduzidos no processo capazes de, em tese, infirmar a conclusão adotada pelo julgador; V - limitar-se a invocar precedente ou enunciado de súmula, sem identificar seus fundamentos determinantes nem demonstrar que o caso sob julgamento se ajusta àqueles fundamentos; VI - deixar de seguir enunciado de súmula, jurisprudência ou precedente invocado pela parte, sem demonstrar a existência de distinção no caso em julgamento ou a superação do entendimento.

Fonte: o autor (2022), com base em Nucci (2012) e na leitura da Lei n.º 13.964/2019

---

[196] NUCCI, 2012.

[197] *Idem.*

A reforma proposta pela Lei n.º 12.403/2011 não alterou o Art. 316 do CPP, que permaneceu com a seguinte redação: "o juiz poderá revogar a prisão preventiva se, no correr do processo, verificar a falta de motivo para que subsista, bem como de novo decretá-la, se sobrevierem razões que a justifiquem"[198]. A Lei n.º 13.964/2019 atribuiu legitimidade às partes para requerer a revogação pela falta de subsistência de cautelaridade.

Apesar de não alterar o verbo "poderá" (como se fosse mera discricionariedade do juiz), foi acrescentado um parágrafo para obrigar a revisão, a cada 90 dias, quanto à necessidade de revogação; porém, em julgamento recente, o Supremo Tribunal Federal entendeu que a ausência de renovação da prisão preventiva após 90 dias não a revoga de forma automática. Para o STF, o juízo competente deverá ser instado a reavaliar a atualidade e contemporaneidade da necessidade da prisão. À luz dessa interpretação, o parágrafo único do Art. 316 do CPP não conduz a revogação e/ou constrangimento ilegal pela ausência de revisão.

2.4 Direitos e garantias constitucionais como limite jurídico

O direito fundamental é o reconhecimento e/ou a disposição declarada em norma, e a garantia é a parte da disposição que assegura o direito fundamental. Assim, as garantias são normas asseguratórias ou instrumentais. Nunes Júnior[199] considera que "as garantias possuem um caráter de instrumentalidade perante o direito. Enquanto algumas normas definem quais são os direitos, outras normas asseguram a sua efetividade". As garantias são limites jurídicos para a jurisdição e/ou poder que tem o Estado para legislar em determinada matéria e aplicar o direito ao caso

---

[198] BRASIL. **Decreto-Lei nº 3.689, de 3 de outubro de 1941.** Rio de Janeiro: Presidência da República, 1941. s/p. Disponível em: http://www.planalto.gov.br/ccivil_03/decreto-lei/del3689.htm. Acesso em: 7 jun. 2021.

[199] NUNES JUNIOR, Flávio Martins Alves. **Direito constitucional**: remédios constitucionais. São Paulo: Revista dos Tribunais, 2009. p. 13.

concreto. Elas funcionam como espécie de barreira de proteção aos direitos individuais ou coletivos contra possíveis abusos de poder. A prisão cautelar preventiva tinha um papel fundamental no controle da atuação do Estado, devido ao fato de o regramento estar codificado em norma processual promulgada por Getúlio Vargas (Lei n.º 3.689/1941), no contexto do Estado Novo. Assim, ao longo dos anos, o corpo de normas necessita de interpretação e adequação, com sucessivas mudanças, à luz da Constituição federal de 1988. Oliveira[200] tece o seguinte comentário:

> Se a perspectiva teórica do Código de Processo Penal era nitidamente autoritária, prevalecendo sempre a preocupação com a segurança pública, como se o Direito Penal constituísse verdadeira política pública, a Constituição da República de 1988 caminhou em direção diametralmente oposta.
>
> Enquanto a legislação codificada pautava-se pelo princípio da culpabilidade e da periculosidade do agente, o texto constitucional instituiu um sistema de amplas garantias individuais, a começar pela afirmação de situação jurídica de quem ainda não teve reconhecida a sua responsabilidade penal por sentença passada em julgado.

Conforme referido pelo autor, a Constituição de 1988 deixou o sistema de amplas garantias em posição de destaque, o que demonstra a preocupação do legislador constituinte com a proteção dos direitos fundamentais. Tal sistema de proteção e/ou instrumentalidade não deve ser interpretado no sentido de proteção à prática de ilícitos penais, mas como forma de limitação da atuação estatal e dos seus agentes, conforme pontua Moraes[201]:

> Os direitos humanos fundamentais, dentre eles os direitos e garantias individuais e coletivos consagrados no art. 5º da Constituição Federal, não podem ser utilizados como um verdadeiro

---

[200] OLIVEIRA, 2021, p. 7.

[201] MORAES, Alexandre de. **Direito constitucional**. São Paulo: Atlas, 2013. p. 30.

escudo protetivo da prática de atividade ilícita, tampouco como argumento para afastamento ou diminuição da responsabilidade civil ou penal por atos criminosos, sob pena de total consagração ou desrespeito a um verdadeiro Estado de Direito.

Por isso, os direitos e garantias fundamentais buscam obstar abusos e trato degradante na persecução penal, porém sem desconsiderar a subordinação do indivíduo ao Estado. Não devem servir de argumento para impedir a atuação policial, mas como regra e limite jurídico dessa atuação.

Como instrumento que persegue a justiça, o direito reveste-se de garantias para proteção da norma e pessoas por ela tuteladas. Dinamarco[202] afirma que: "como pressuposto ou meio de controle dos atos de constrição judicial, em si mesmo o processo de conhecimento é instrumento de liberdade". Portanto, em respeito às liberdades e aos princípios constitucionais, ao distribuir a justiça, o Estado não pode extrapolar limites jurídicos como a presunção de não culpabilidade e impossibilidade de antecipação da pena. Delmanto Junior[203] assevera que o Estado deve ser:

> [...] avesso a arbitrariedade, caprichos, humilhações gratuitas, prisões desnecessárias etc., sob pena do próprio Estado fomentar a desarmonia social, violando, através de opressões e repressões, a própria *essência da existência humana*, qual seja, *a liberdade*, voltando-se, assim contra a sua própria razão de existir.

O destinatário dos direitos e garantias consta no caput do Art. 5.º da Constituição federal, que assegura como inviolável: a vida, a liberdade, a igualdade, a segurança e a propriedade. Com base em tal dispositivo, temos um pré-requisito para o exercício da jurisdição e o controle de validade legislativa e produção de normas, bem como para a interpretação do CPP.

---

[202] DINAMARCO, Cândido R. Processo de conhecimento e liberdade. **Revista da Faculdade de Direito da Universidade de São Paulo-USP**, v. 80, p. 250-262, 1985. p. 255.

[203] DELMANTO JUNIOR, 2001, p. 5.

Com as sucessivas reformas e adequações, o CPP alcançou limites jurídicos no *jus puniendi* do Estado para que fosse compatível com a Magna Carta Republicana (1988), que elevou as principais diretrizes do direito penal ao status de princípios constitucionais.

Dessa forma, ousamos afirmar que os fundamentos legais, formas e requisitos para segregar alguém por meio do decreto cautelar preventivo dependem de uma análise da Constituição, no que tange às garantias. Nucci[204] lembra que a Constituição federal exige "que toda decisão judicial seja fundamentada (art. 93, IX), razão por que, para decretação da prisão preventiva, é indispensável que o magistrado apresente as suas razões para privar alguém de sua liberdade".

2.5 A abordagem legislativa da prisão preventiva

A prisão é a maior reprimenda e punição na seara penal, por afetar o bem mais precioso do ser humano: a liberdade. Por conseguinte, o direito democrático compreende como regra a liberdade; e a prisão, como exceção. Desse modo, a necessidade de segregação surge apenas após a formação da culpa do acusado, com finalização da ação penal pelo trânsito em julgado de sentença penal condenatória.

A busca pela culpa ou verdade real exige o cumprimento de normas processuais, como a formação da convicção do juiz pelas provas produzidas em contraditório judicial, o que significa que as peças de informação dos inquéritos não são admitidas como prova, se não judicializadas, a fim de oportunizar a defesa do indivíduo investigado e/ou acusado, em respeito a garantias fundamentais.

Para garantir a liberdade como regra e a prisão como exceção, o legislador constituinte constou, no Art. 5.º, inciso LXI, da Constituição federal:

> [...] ninguém será preso senão em flagrante delito ou por ordem escrita e fundamentada de autoridade judiciária competente, salvo nos casos de

---

[204] NUCCI, 2021, p. 375.

transgressão militar ou crime propriamente militar, definidos em lei.[205]

A regra fundamental que define a possibilidade de prisão antes do trânsito em julgado, ou seja, em flagrante delito, deixa perceptível a incompatibilidade da prisão preventiva — inserida no CPP — com a Magna Carta Republicana, haja vista que a norma material e/ou constitucional possibilitou apenas duas espécies de prisão antes da culpa do indivíduo formada: a prisão em flagrante delito de civil e a prisão de militares, nas transgressões ou nos crimes militares definidos em lei.

É importante destacar que a legislação infraconstitucional "*extinguiu* a pena de prisão *disciplinar* para policiais militares e os corpos de bombeiros militares dos Estados, dos Territórios e do Distrito Federal"[206], por meio da Lei n.º 13.967/2019.

O legislador constituinte assegurou, também, no inciso LIV da Constituição federal, a necessidade do devido processo legal para a privação da liberdade de alguém, bem como a presunção de inocência "até o trânsito em julgado de sentença penal condenatória"[207]; e, nesse sentido, caminhou o legislador infraconstitucional na busca pela harmonização de regra do código de processo penal, que não recepcionada pela lei maior, para compatibilizá-la, em uma hierarquia de normas, por meio das Leis n.º 12.403/2011 e 13.964/2019.

Antes das reformas, no CPP promulgado em 1941, a hipótese de cabimento da prisão preventiva era pela natureza da pena: se o crime fosse de reclusão com pena máxima privativa de liberdade igual ou superior a dez anos, teria a prisão decretada de forma compulsória. No ano de 1967, com a Lei n.º 5.349, deixou de existir tal requisito de compulsoriedade. Tornaghi[208] sustenta que, anteriormente à Lei n.º 5.349, a prisão automática era fundada em uma

---

[205] BRASIL. [Constituição (1988)]. **Constituição da República Federativa do Brasil de 1988.** Brasília: Presidência da República, 1988. s/p. Disponível em: http://www.planalto.gov.br/ccivil_03/constituicao/constituicao.htm. Acesso em: jun. 2021.

[206] OLIVEIRA, 2014, p. 390.

[207] Expressão do Art. 5.º, inciso LIV, da Constituição federal.

[208] TORNAGHI, Hélio. **Compêndio de processo penal.** Rio de Janeiro: José Konfino, 1967. t. 4.

presunção absoluta e, por isso, representava "um passo atrás no progresso e na civilização, pelos efeitos nefastos que acarreta e pela imperfeição evidente como instrumento de técnica jurídica"[209].

Apesar das críticas realizadas pelo autor e do árduo debate doutrinário[210], a reforma possibilitada pela Lei n.º 5.349/1967 permitiu certa discricionariedade nos decretos preventivos, na redação do Art. 312 do CPP, pelas expressões "garantia da ordem pública", "conveniência da instrução criminal" ou para "assegurar a aplicação da lei penal". Cabe-nos registrar que o contexto histórico da reforma em comento é o do regime militar. Com a abertura política, ou mesmo a nova ordem constitucional, o Brasil passou a ter um CPP com normas não recepcionadas pela Constituição. Assim, a busca pela constitucionalização do CPP de 1941 levou à sanção das Leis n.º 12.403/2011 e 13.964/2019.

As leis reformadoras inseriram o princípio da proporcionalidade no CPP para que a segregação cautelar não fosse mais gravosa do que a própria sanção penal, e também em razão da necessidade de fundamentação do perigo do estado de liberdade do indivíduo, ligado a fato novo e contemporâneo. Todavia, nas duas oportunidades, deixaram as reformas de conceituar, na redação do Art. 312, as expressões: "garantia da ordem pública", "garantia da ordem econômica", "conveniência da instrução criminal" e "assegurar a aplicação da lei penal". A conceituação contemplaria o princípio da taxatividade e não permitiria a abertura semântica como recurso retórico.

Kato[211] afirma que a prisão preventiva "revela uma amplitude no seu conteúdo que proporciona finalidades outras, além da real necessidade da preservação do devido processo legal, legitimando a prisão provisória como antecipação da pena". Na afirmação da autora, é possível perceber que a amplitude levantada está na abertura semântica de expressões que possibilitam, diante uma questão

---

[209] *Ibidem*, p. 1.312.

[210] Entende-se por debate doutrinário as discussões e os posicionamentos de autores do direito.

[211] KATO, 2005, p. 116.

polêmica como é a prisão, o discurso retórico, com sua aparência de verdade, como fundamento do arbítrio e antecipação da culpa.

Oliveira[212] explica que o CPP foi elaborado com base em um juízo de antecipação da culpabilidade do agente, em um sentido lato e/ou responsabilidade penal, já que a fundamentação da prisão preventiva não se referia à cautelaridade, mas apenas à lei.

A antecipação da culpa não é admitida pela atual ordem constitucional; dessa maneira, as leis de 2011 e 2019 buscaram constitucionalizar regramento processual segregatório e autoritário. Para Oliveira, a realidade atual do Direito Processual Penal brasileiro exige que "toda e qualquer prisão antes do trânsito em julgado da condenação deverá se *fundar em ordem escrita e fundamentada* da autoridade judiciária competente, nos exatos termos em que se achar no art. 5º, LXI"[213].

A observação do estudioso tem pertinência quanto à discussão de uma prisão preventiva automática e compulsória, pela natureza do crime e máximo da pena em abstrato que, ao ser alterada pela legislação, adequou-se de forma precária à Constituição, pois, mesmo com todos os limites jurídicos inseridos no decreto preventivo pelas leis reformadoras, há possibilidade de superação da rigidez constante na regra fixada, em decorrência da possível argumentação persuasiva de tese inferida pela abertura semântica das expressões contidas no Art. 312 do CPP.

Portanto, embora a legislação tente adaptar regras incompatíveis com o princípio constitucional da presunção de inocência, ainda há ilegalidade nos decretos preventivos, ante a possibilidade retórica de argumentação e/ou persuasão com base na ordem pública, ordem econômica, conveniência da instrução ou garantia da aplicação da lei penal. Ao comentar sobre as possibilidades semânticas, Kato[214] sustenta que a prisão como garantia da ordem

---

[212] OLIVEIRA, 2014.

[213] OLIVEIRA, 2014, p. 389-390, grifo do autor.

[214] KATO, 2005.

pública tem conceito de conteúdo ideológico, que possibilita a arbitrariedade nos decretos preventivos. Warat[215] assevera que:

> A ideia de ordem pública longe de representar um conceito que pode ser corretamente delimitado, constitui um recurso retórico do legislador utilizado com o objetivo de superar a rigidez tipificadora da dogmática jurídica e que implica a ruptura dos padrões de unidade e hierarquia inerentes aos princípios da constitucionalidade, da legalidade e certeza jurídica.

Nesse sentido, é possível afirmar que as leis reformadoras de 2011 e 2019 deixaram de contemplar a taxatividade e que a abertura semântica tem mais relação com o exercício da força do que com o sentimento isonômico de justiça. A discussão sobre discricionariedade e ideologização nos decretos prisionais foi levantada no século XVIII, pelo filósofo Cesare Beccaria, que defendia a existência de norma que precedesse ao direito: "Assim, a lei deve estabelecer, de maneira fixa, por que indícios de delito um acusado pode ser preso"[216].

O autor criticou a falta de isonomia e legalidade nas prisões da época, pois magistrados prendiam os cidadãos de modo discricionário, oportunidade em que deixavam em liberdade os seus protegidos, apesar de toda as evidências do delito, enquanto vedavam a liberdade aos considerados inimigos "sob pretextos frívolos"[217]. Da mesma forma, o jurista advertiu quanto à presunção de inocência de um homem antes do julgamento de um juiz. A observação do autor tornou-se princípio, em 1789, na Declaração de Direito do Homem e do Cidadão e na Convenção Americana sobre Direitos Humanos, de 1969.

O princípio da presunção de inocência, chamado por Oliveira[218] de princípio da não culpabilidade, consta no Art. 5.º, inciso LVII, da Constituição federal de 1988: ninguém poderá ser preso sob um juízo de antecipação de culpa. Isso significa que a regra

---

[215] WARAT, 2005 *apud* KATO, 2005, p. 118.

[216] BECCARIA, Cesare. **Dos delitos e das penas.** Tradução de Torrieri Guimarães. 7. ed. São Paulo: Martim Claret, 2014. p. 24.

[217] *Ibidem*, p. 24.

[218] OLIVEIRA, 2014.

processual com inexatidão de sentido, a qual possibilita argumentação diversa para segregar antes de sentença penal transitada em julgado, é incompatível com a lei maior.

Sobre a ausência da exatidão de normas, Beccaria[219] entende que: "quando as leis são exatas e claras, o dever do juiz fica limitado à constatação do fato". Talvez a abertura semântica das expressões constantes nas hipóteses de cabimento da prisão preventiva tenha relação com a afirmação do autor acerca de estar o sistema penal ligado mais à ideia de força e poder do que de justiça.

Para Oliveira[220], a presunção de inocência deve ser considerada como valor afirmativo em todas as fases da persecução penal. Ocorre que tal garantia deveria imperar, também, como limite da produção legislativa e, ainda, como critério de interpretação das legislações reformadoras, sob pena de imperar o arbítrio estatal apontado por Beccaria[221].

As Leis n.º 12.403/2011 e 13.964/2019 apontam para excepcionalidade da prisão preventiva e, embora não especifiquem o sentido de expressões constantes no Art. 312 do CPP, adequaram regra processuais ao sistema acusatório, proibindo o juiz do decreto cautelar, seja na fase de inquérito, seja na fase de processo. Nesse contexto, é provável que, por meio de exercícios retóricos, adaptações ou desconstrução da norma, possam colocar em desvantagem a legalidade, caso legitimem decisões pela persuasão e/ou convencimento, utilizando elementos argumentativos na fundamentação de decretos preventivos com suporte na retórica do convencimento, por meio do medo e interferência da autoridade, na construção de interpretação que possa contrariar a vontade do legislador.

Em suma, as alterações de 2011 e 2019 buscaram adequar a matéria sobre prisão preventiva às garantias fundamentais e obstar segregações discricionárias, políticas ou ativistas que afrontam as liberdades. Dessa maneira, é pertinente a investigação apurada

---

[219] BECCARIA, 2014, p. 26.
[220] OLIVEIRA, 2021.
[221] BECCARIA, 2014.

do papel da retórica forense como meio de interpretar os decretos preventivos e/ou afrontas às leis de 2011 e 2019. Para tanto, é importante compreender o que é a retórica do convencimento e os elementos argumentativos, qual o papel da autoridade na construção do medo e como funciona a legitimação das decisões, nos decretos preventivos.

3

A RETÓRICA FORENSE COMO MEIO DE INTERPRETAÇÃO DA NORMA

Apresentamos, neste capítulo, a retórica forense, em decretos preventivos, que tem como suporte o convencimento e os recursos argumentativos construídos pela figura da autoridade e pelo medo. Para tanto, elegemos três casos concretos, os quais identificamos como: 1) a prisão preventiva do caso do estudante de publicidade, 2) o caso do professor, 3) a prisão do deputado. Como percurso metodológico, optamos pela pesquisa documental e bibliográfica, de abordagem qualitativa, com suporte nos estudos da retórica.

3.1 A retórica forense em decretos preventivos

A retórica forense não deve ser uma fuga da razão e/ou mecanismo para enganar jurisdicionados, mas sim um meio de valorizar a compreensão e o trânsito de argumentos ordenados, com medida e clareza. A relevância dessa ciência está na condução e/ou direcionamento de pessoas com valores, formação e culturas distintas, que pensam diferente, pela orientação, classe social, convicção política e filosófica. Assim, a retórica forense tem o papel de direcionar as razões do orador de tal forma que alcancem o auditório e o façam compreendê-las e/ou acolhê-las. A retórica forense tem grande importância no ato de comunicação jurídica e, por isso, não deve ser compreendida como estratégia de deslealdade, da sedução, da mentira (apesar da possibilidade), mas sim como método de abordagem e persuasão na defesa da razão do orador em relação ao auditório. Nessa relação, o orador busca uma pauta de confiança, valores, conhecimento e autoridade.

Nesse espaço de habilidades, há técnicas para compreender o outro e fazer transitar os argumentos e as razões dos interlocutores e/ou oradores, em um diálogo entre o real e o preferível, entre a demonstração e a argumentação. Pela argumentação, percebemos progressões de argumentos nos discursos por inferências, para avaliar provas e julgamentos de fatos, com persuasão descoberta e justificada segundo a racionalidade. A persuasão descoberta é o que determina a retórica forense, por permitir uma visão crítica para as tomadas de decisões na compreensão de julgados e o motivo pelo qual o julgador decidiu de uma maneira e não de outra. Na justificação ou persuasão justificada, há a consolidação das decisões, se é pertinente ou não, se justa ou injusta.

A retórica forense permite estudos analíticos para avaliar as justificações das decisões, em uma análise jurídica do discurso, valendo-se de categorias e avaliação do plano racional dessas categorias — como os laços de cumplicidades e conexões estabelecidas com diferentes auditórios — que possibilitam ou não o alcance de razões, por pessoas de diferentes valores e concepções de vida.

Em decretos preventivos, as decisões judiciais não dependem da aprovação ou reprovação do auditório. Por se firmar em um discurso instituído, que tem por limite jurídico a norma materializada em lei, a decisão não precisa persuadir ou convencer. Com isso, é possível perceber que o discurso instituinte do auditório, de alguma forma, influencia a postura de juízes, os quais podem fugir a uma demonstração lógica e sustentar posicionamentos retóricos por meio de composição argumentativa bem elaborada. Nesse espaço de expectativas, instaura-se um ativismo retórico que sustenta decisões legitimadas por outras razões que não a segurança jurídica das leis, prisões preventivas que podem deixar imperceptíveis violações, devido a técnica retórica de desconstrução, a figura da autoridade signatária dos decretos preventivos e a produção de argumentos deliberativos. A retórica forense é empregada como mecanismo de condução dos jurisdicionados à aceitação de decretos preventivos e, da mesma forma, como importante instrumento de interpretação das violações a normas legais.

Na análise dos decretos preventivos propostos nesta pesquisa, observamos que, de um lado, temos as figuras da autoridade policial e/ou promotor, legítimas para representação da prisão cautelar; de outro, temos o juiz, que deve decidir com base na norma, seja a lei, seja a jurisprudência. As decisões são dirigidas a um auditório não especializado, a sociedade, que vê competência e legitimidade argumentativa nos oradores, delegado, promotor e juiz.

Para Ferreira[222], "a eficácia de um discurso vincula-se sobremaneira à autoridade atribuída ao orador". Tal legitimidade é conferida ao orador devido ao discurso competente daquele que é especialista no assunto discutido, em questões polêmicas, e/ou decidido pela perícia dos envolvidos. Assim, há autorização no discurso e argumentos do orador por parte do auditório. O autor alega que o discurso é legitimado pela representação cultural preexistente no auditório e confirmada pelo discurso autorizado e *ethos*. Os argumentos de autoridade baseiam-se na estrutura do real e, por meio de referência à autoridade, buscam fortalecer uma tese apresentada. Então, é possível perceber que o desconhecimento da população (quanto ao limite jurídico de certas normas, sejam as atinentes a prisões e liberdades, sejam a qualquer outra norma penal) aproxima esse auditório a crenças e valores na construção do *ethos* do orador e do discurso institucional.

3.2 A interpretação da norma

O meio pelo qual se busca alcançar a objetividade jurídica da norma é a interpretação; por isso, a interpretação deve se aproximar do entendimento e/ou intenção do legislador no momento da criação da lei analisada. Assim, interpretar é alcançar o propósito da lei:

> Interpretar é a lei é atividade inerente a todo operador do direito, especialmente pelo fato de que o legislador nem sempre é feliz ao editar normas, valendo-se de termos dúbios, contraditórios, obs-

---

[222] FERREIRA, 2017, p. 20.

> curos e incompletos. Não se trata de processo de criação de norma, nem de singelo suprimento de lacuna, mas de dar o real significado a uma lei.[223]

No mesmo sentido, o Art. 5.º da Lei de Introdução às Normas do Direito Brasileiro esclarece que, por mais que a norma seja clara, ela exigirá interpretação, a fim de extrair e assimilar o real conteúdo, na busca de aplicação prática e sentido lógico.

A interpretação divide-se em autêntica, doutrinária e judicial, a depender do sujeito que a realiza. A interpretação autêntica ou legislativa tem como sujeito o legislador ou órgão que elaborou a lei; a interpretação doutrinária ou científica tem como sujeito os estudiosos do direito; a interpretação judicial tem como sujeito os magistrados.

Quanto aos meios empregados, a interpretação classifica-se em gramatical (também conhecida como literal ou sintática) e lógica. Interpretar de forma literal é buscar aporte em regras gramaticais, enquanto a interpretação teleológica exige apenas a compreensão da vontade do legislador ou edição da norma. Em caso de conflito dos meios empregados (literal ou teleológico) para a interpretação, deverá prevalecer a interpretação teleológica, devido à finalidade da edição da norma.

De acordo com o resultado, a forma de interpretar se divide em: declarativa, restritiva e extensiva. A interpretação declarativa não interfere, amplia nem restringe a norma, ao contrário da restritiva, que busca diminuir o seu alcance. Na interpretação extensiva, temos uma ampliação do significado. Nucci[224] aponta-nos os seguintes exemplos:

> Somente para exemplificar, utilizando-se a interpretação extensiva podemos corrigir um aspecto de lei, que disse menos do que deveria ter previsto: quando se cuida das causas de suspeição do juiz (art.254), deve-se incluir também o *jurado*, que não deixa de ser um magistrado, embora leigo.

---

[223] NUCCI, 2021, p. 33.
[224] *Ibidem*, p. 33-34.

> Outra ilustração: onde se menciona no Código de Processo Penal a palavra *réu,* para o fim de liberdade provisória, é natural incluir-se *indiciado.*

Em direito processual penal, apesar da possibilidade de interpretação extensiva, há exceção em matéria de prisão que exige rigor na interpretação. A ampliação só é possível para alcançar o real significado atribuído pelo legislador à norma e/ou à intenção, sem criar regras ou suprir lacunas. Na interpretação extensiva, temos um agir retórico que busca legitimidade ou aceitação de jurisdicionados por meio do medo. Assim, julgadores ampliam, por exemplo, a necessidade de residir no distrito da culpa para naturalização ou relação do indivíduo com a cidade em que reside.

3.3 A figura da autoridade como produtora de argumentos deliberativos

O juiz é o responsável pelo julgamento dos processos, bem como pela condução da instrução e/ou audiência. A atuação de um juiz é limitada por normas jurídicas. Assim, deve manter postura imparcial e julgar pautado nos limites da lei. A convicção do juiz na decisão de um conflito é regulamentada por regra processual, que sugere liberdade na apreciação das provas, mas não da convicção. Para Aristóteles[225], "é sumamente conveniente que leis bem elaboradas definam por si sós, na medida do possível, todos os casos, deixando o mínimo possível para decisões de juízes". Segundo o autor, a lei não diz respeito a casos particulares, mas sim a condutas futuras, em geral, que possibilitam adequação típica e limitam a atuação de juízes, ao passo que preservam influências por sentimentos de amizades, ódio e interesse pessoal.

Desse modo, o magistrado formará sua convicção pela livre apreciação das provas produzidas em contraditório judicial, o que significa que as decisões não podem se respaldar exclusivamente em peças de informação ou produzidas na fase de investigação. A

---

[225] ARISTÓTELES, 2011, p. 40.

limitação da atuação do magistrado busca impedir pessoalidade e interesses nas decisões e garantir anterioridade nas punições.

Devemos esclarecer que anterioridade significa que deve existir norma reprovadora antes mesmo de o fato ser praticado, ou seja, para que ocorra violação, a regra proibitiva precisa ser anterior ao fato. Tratando-se de prisão preventiva, isso não é diferente, pois a necessidade de qualquer prisão também é regulada por lei processual e/ou normas objetivas.

Em ações penais, há papéis e sujeitos bem definidos: quem acusa e representa por prisão preventiva; quem defende e pugna pela liberdade; quem decide com base na lei. Com isso, há um triângulo processual formado pelo promotor ou procurador de justiça, pelo defensor e/ou advogado, e pelo juiz. Apesar da formação em triângulo, a norma garante paridade entre esses agentes. A isenção e independência entre os sujeitos do processo significa ausência de subordinação entre advogado e promotor, promotor e juiz, advogado e juiz ou qualquer relação que impeça o livre exercício de cada relevante função que exercem.

São garantias fundamentais asseguradas pela Constituição federal aos litigantes em processos em geral o contraditório e a ampla defesa. Isso significa que a autoridade do juiz não pode subjugar o exercício de defesa. Quando um juiz toma partido e faz a vez da acusação, deixa de garantir direito fundamental e, da mesma forma, de presidir um ato, solenidade e/ou instrução isenta e sóbria, em um Estado democrático de direitos.

No momento em que um juiz se coloca como indignado, cidadão violado e toma partido, fere a parcialidade e torna-se o que a lei denomina de suspeito. Para Aristóteles[226], tal postura "os leva a perder a capacidade de discernir com clareza a verdade e ter seu julgamento obscurecido por sentimentos pessoais de prazer ou de dor".

No geral, como dissemos, é necessário deixar para a decisão do juiz o mínimo possível. Aristóteles[227] sustenta que, em se tra-

---

[226] ARISTÓTELES, 2011, p. 40-41.

[227] *Ibidem.*

tando de um debate público, a formulação de um juízo demonstra o julgamento de interesses próprios. Caso o magistrado não tenha condições de julgar, sem se ver como parte, deve se declarar suspeito, para que outro juiz julgue a demanda sem pessoalidade. Essa regra está nos códigos processuais. A suspeição não declarada tem como consequência a nulidade absoluta do processo, caso seja comprovada. Nesse contexto, temos que a autoridade do juiz não pode subverter a norma ou criar disparidade entre acusação e defesa, o que pode configurar abuso de autoridade.

Por uma perspectiva retórica, a autoridade do juiz está no discurso autorizado da instituição jurídica a que pertence. Um juiz fala pelo Poder Judiciário, com discurso autorizado pela formação e lugar de fala e/ou status. O *ethos* do juiz ou modo como se apresenta, na qualidade de orador, confunde-se com a credibilidade da instituição; então, o juiz deve demonstrar, de forma lógica, sua decisão e seu argumento, abstendo-se de suscitar paixões ou de remeter o auditório à cólera ou ao medo. O apelo à racionalidade deve ser uma qualidade na autoridade e decisões de um magistrado que se vincula ao *logos* e/ou às regras processuais.

4

APRESENTAÇÃO, ANÁLISE E DISCUSSÃO DOS DADOS

Neste capítulo, apresentamos, analisamos e discutimos os dados, os quais foram categorizados à luz dos estudos retóricos. Para tal finalidade, consideramos três casos concretos, a saber: a prisão preventiva do caso do estudante de publicidade; o caso do professor; a prisão do deputado.

4.1 Apresentação dos decretos preventivos

4.1.1 A prisão preventiva do caso do estudante de publicidade

O caso do estudante de publicidade consistiu em uma investigação policial da polícia judiciária, que apurou um crime de estupro e homicídio ocorrido no estado de Rondônia no ano de 2013. Tal fato foi amplamente divulgado na imprensa local, que noticiou a apuração de participação de familiares de políticos da região. Com o término do Inquérito Policial, não houve representação — por parte da autoridade policial — pela prisão preventiva de pessoas relacionadas ao político local, mesmo com indícios de participação e/ou envolvimento.

Com a deflagração da ação penal, o Ministério Público denunciou apenas três pessoas, de um contexto de sete envolvidos, que foram alvo da investigação. Dos três acusados denunciados, um teve a prisão preventiva decretada, por representação da autoridade policial. Os outros dois réus só tiveram a prisão cautelar decretada por cota ministerial. Dos acusados representados pelo Ministério

Público, um era agente penitenciário, natural de Rondônia; e o outro, estudante de Publicidade, natural do Rio Grande do Sul;

> [...] este caso, específico, chamou atenção o fundamento do decreto preventivo, em desfavor de um dos acusados. Pela decisão, o denunciado não teria o direito em responder, à ação, em liberdade, pelo fato de não guardar raízes com o distrito da culpa [...].[228]

Na decisão constante nos autos da 1.ª Vara do Tribunal do Júri, a magistrada registrou existir perigo de ineficácia da condenação, com fuga do réu, temor da família, crueldade do crime, comoção social, repercussão da mídia e cobrança de rigor punitivo da sociedade. Observemos o seguinte trecho:

> Na cota há pedido de prisão preventiva dos acusados, inclusive com relação ao pedido de prisão preventiva em face dos acusados F.S.P e W.S.S. Eles estão sendo denunciados juntamente com R.B.S.M.C, sendo que este último encontra-se preso por prisão preventiva decretada por força de decisão de fls. 465/466. A situação dos três denunciados guarda certa semelhança. Todos os três foram reconhecidos e delatados por M.A.C.S., acusado que já foi pronunciado em outro processo. F.S.P, também é agente penitenciário. W.S.S., pela qualificação de fl.131 é solteiro e tem a profissão de publicitário, sem indicação de raízes no distrito de culpa. De algum modo F.S.P. poderá vir a molestar o delator que se encontra preso. W. poderá, a qualquer tempo, desvincular-se do distrito da culpa, tendo como consequência, o embaraço à aplicação da lei penal. Há também, o temor da família da vítima que se declararam temerosos e inseguros. Embora todo o crime tenha repercussão, os requintes de crueldade com que os crimes narrados na denúncia foram praticados gerou comoção social, ganhando

---

[228] CHEDIAK, Jackson. **Prisão preventiva:** reflexões a partir de seus limites jurídicos e de alguns casos concretos. 2017. Dissertação (Mestrado em Ciências Jurídicas e Sociais) –Universidade Federal Fluminense, Niterói, 2017. p. 58.

espaço por vários meses na mídia local e ainda a sociedade vem cobrando rigor na apuração. Soltos, os acusados poderão influenciar sobremaneira na colheita da prova, além do risco de prosseguirem na senda criminosa.[229]

Com a decretação da prisão preventiva, na fase judicial, um dos acusados foi recolhido ao cárcere; e o outro, dado por foragido. Por esse motivo, requereu a defesa a liberdade provisória[230] ao juízo da causa e, dessa forma, foi acompanhado pelo promotor de justiça, que entendeu se tratar de direito subjetivo do réu à defesa e, também, oportunidade para obtenção de provas, com o interrogatório.

Ao contrário do entendimento da defesa e acusação, a magistrada resolveu suspender o decreto preventivo até o momento da apresentação do acusado, mesmo não existindo tal previsão no CPP. Assim, decidiu a magistrada da 1.ª Vara do Tribunal do Júri da Comarca de Porto Velho:

> O interrogatório constitui meio de defesa e, igualmente, meio de prova. A persistir o decreto de prisão do postulante possivelmente não será interrogado eis que a polícia nacional (incluída todas as suas especializações) não conseguiu localizá-lo. Diante de tal situação entendendo importante, por ora, suspender a execução do mandado a fim de viabilizar o interrogatório do referido réu, especialmente porque a família da vítima, como notoriamente se veiculou, não mais reside na presente comarca. Assim, a concessão de eventual liberdade provisória ou de medidas cautelares ou, ainda, o cumprimento do mandado de prisão será apreciado por ocasião da próxima audiência de interrogatório dos três acusados que designo para o dia 30 de julho do corrente às 10 h.[231]

---

[229] Extraído dos Autos n.º 00150031-72.2013.8.22.0501, da 1.ª Vara do Tribunal do Júri de Porto Velho, 09/12/2013, p. 532.

[230] A liberdade provisória é um instrumento jurídico que se contrapõe à prisão cautelar preventiva. É uma espécie de resposta do réu, em matéria de prisão cautelar, que aponta ao juízo a desnecessidade da prisão, por ter o réu residência no distrito da culpa, ocupação lícita e primariedade.

[231] Extraído dos autos da Ação Penal 2013, s/n.

A decisão do juízo foi combatida pelo advogado da causa, por meio do remédio constitucional habeas corpus protocolado no Tribunal de Justiça do Estado de Rondônia, que entendeu faltar interesse de agir[232], ou seja, pela ótica dos julgadores, não havia motivo para insurgência, já que a expressão "suspensão" fora recepcionada e/ou compreendida com o mesmo sentido de "revogação":

> [...] a defesa entendeu que o indeferimento tinha claro objetivo de não submeter o Juízo da Primeira Vara do Tribunal do Júri a situação vexatória, por não existir suspensão de decreto preventivo e sim revogação, já que o artigo 316, do Código de Processo Penal, prevê uma cláusula rebus sic sandibus.[233]

Nesse caso específico, dos sete envolvidos, apenas dois foram indiciados, denunciados e condenados. O réu — que, segundo a magistrada, "não guardava raízes com o distrito da culpa" — foi absolvido pelo Tribunal do Júri.

4.1.2 O caso do professor

No ano de 2017, um professor e poeta do município de Porto Velho foi segregado cautelarmente e "a prisão se deu após representação de autoridade policial, motivada por uma ocorrência registrada pela mãe de uma jovem que, segundo os autos analisados, teria se envolvido amorosamente com o professor poeta"[234].

Segundo o inquérito policial, a mãe da jovem teria acessado conversas da filha com o professor, em rede social WhatsApp, as quais registravam intimidades e práticas sexuais; "inconformada procurou o professor, na escola onde a filha estudava e foi informada que a menina se apresentava como se fosse maior de

---

[232] O interesse em agir e/ou recorrer é uma condição para apreciação da medida. Assim, pode-se dizer que o interesse se refere à utilidade do provimento jurisdicional pretendido pelo autor da medida tomada.

[233] CHEDIAK, 2017, p. 76.

[234] *Ibidem*, p. 76.

idade"[235].Após ouvir a jovem, em inquérito policial de estupro, a autoridade policial foi forçada a mudar a tipificação penal, já que se apurou relação sexual consentida, o que inibiu a prática do crime de estupro; porém, a troca de imagens foi adequada a outros tipos e/ou enquadramentos inseridos em lei extravagante. Dessa forma, após representação da autoridade policial, a magistrada que decretou a prisão preventiva entendeu que estavam presentes os tipos contidos no Art. 241-A e 241-E do Estatuto da Criança e do Adolescente, conforme evidencia o excerto a seguir:

> Apurou-se que o investigado teria praticado o crime do artigo. 241-A c/c 241-E, em face de R.B.L (17 anos de idade). Narram que o requerido é professor do Colégio João Bento da Costa desta capital e, aproveitando-se dessa condição, estaria aliciando as alunas para com ele praticar atos libidinosos. Em uma dessas tentativas, obteve sucesso com a menor acima indicada, onde além de ter relacionamento sexual fixo, teria trocado diversos materiais pornográficos, bem como mídias de nudez entre ambos, configurando o artigo 241-A do ECA.[236]

O caso do professor ganhou repercussão nas redes sociais e dividiu opiniões, devido ao fato de que o Juízo do 2.º Juizado da Infância e da Juventude embasou a fundamentação do decreto no mérito da ação penal, que seria discutido em instrução processual, para segregar o investigado. Nas razões apresentadas pelo juízo da causa no decreto preventivo, constava o perigo de reiteração de ato de aliciamento e influência que o acusado exerceria sobre a menor. O decreto preventivo não considerou o apenamento do suposto crime e a primariedade do acusado, que, em caso de condenação, ficaria em regime menos gravoso, conforme registrado no trecho a seguir:

> Assim, a segregação preventiva se tornaria muito mais gravosa que a prisão pena, em hipótese de

---

[235] Retirado do inquérito policial de 2017.
[236] Extraído dos Autos n.º 1000363-22.2017.8.22.0701, do 2.º Juizado da Infância e Juventude, de Porto Velho, 11/07/2017, s/n.

condenação, tendo em vista que o regime inicial atribuído seria o aberto. Ao fundamentar a prisão preventiva no fato de o acusado ser professor ou pela presunção de exercer influência sobre a vítima, demonstraria a ausência do *periculum libertatis*. Tal afirmação é amparada na lei nº 12.403/11, pois, esta inseriu no Código de processo Penal outras medidas cautelares diversas da prisão. A sobriedade que se buscaria, seria acautelada pelos incisos II e III, do artigo 319, do CPP.[237]

A cautelaridade abordada pelo decreto preventivo desse caso concreto confunde-se com o mérito da ação penal e/ou presunções, sem o contraditório e a ampla defesa oportunizados pela instrução processual. Sabe-se, no entanto, que a legislação processualista não permite a discussão de mérito de uma ação em fundamentação de prisão cautelar. Por isso, leis mais recentes buscam obstar de todas as formas prisões que decorrem de clamor público, gravidade do crime, repercussão social, sem que a fundamentação demonstre o perigo da liberdade do agente. Assim, a retórica forense aperfeiçoa-se para convencer e/ou persuadir jurisdicionados à conformidade dos decretos.

4.1.3 A prisão do deputado

No ano de 2019, por meio da Portaria 69, o ministro presidente do STF instaurou inquérito policial para apurar supostas notícias fraudulentas, popularmente conhecidas por *fake news*, denunciação caluniosa, ameaça, calúnia, difamação e injúria que, em tese, atingiria a "honorabilidade e a segurança do Supremo Tribunal Federal, de seus membros e familiares"[238].

Dois anos após a instauração da persecução penal, o relator da investigação tomou conhecimento de um vídeo intitulado *Política Play*, com duração de 19 min 9 s, publicado no YouTube, por

---

[237] CHEDIAK, 2017, p. 78.
[238] Relatório Inquérito n.º 4.781, Distrito Federal, 16/02/2021, s/n.

um deputado federal, o qual entendeu atacar os ministros do STF com supostas ameaças à honra e adoção de medidas antidemocráticas, contra a Suprema Corte, ao defender o Ato Institucional n.º 5 (AI-5), bem como a destituição e a adoção de violência contra os ministros.

Por esse motivo, o relator do Inquérito 69 determinou ao diretor-geral da Polícia Federal a prisão em flagrante delito do citado deputado federal, por crime capitulado como inafiançável, nos termos do § 2.º do Art. 53 da Constituição federal. Segundo o que constou no relatório da prisão em flagrante, as manifestações do deputado, por meio das redes sociais, foram graves e constituíram ameaça à segurança de ministros do STF, além de buscarem, de forma ilegal, obstar o exercício da Justiça e independência do Poder Judiciário e da democracia.

Entre os fundamentos da prisão em flagrante, que antecedeu a preventiva, constou a inconstitucionalidade da manifestação do parlamentar, que, segundo o relator, demonstrava a finalidade de controlar "a força do pensamento crítico, indispensável ao regime democrático; quanto aquelas que pretendam destruí-lo, juntamente com suas instituições republicanas"[239].

Segundo o relator, as condutas praticadas pelo parlamentar tornavam imprescindível a adoção de medidas enérgicas para impedir qualquer lesão à independência dos Poderes instituídos e perigo ao Estado democrático de direito. Desse modo, o relator sustentou que, por estar disponível na rede mundial de computadores, o vídeo configuraria o crime permanente e, portanto, a fragrância e/ou ardência para a prisão.

Nesse caso específico, a prisão preventiva seguiu rito diferenciado, devido ao fato de se tratar de parlamentar da Câmara dos Deputados federais. Dessa forma, após a prisão em flagrante, determinada pelo relator, o plenário do Supremo referendou e encaminhou os autos à Câmara dos Deputados para que o voto da maioria decidisse sobre a prisão.

---

[239] Relatório Inquérito n.º 4.781, Distrito Federal, 16/02/2021, s/n.

Dessa forma, a Comissão de Constituição e de Justiça confeccionou o relatório, cuja relatora votou pela manutenção da prisão, com a seguinte conclusão: "feitas tais considerações, deixo consignado presente caso excepcionalíssimo e, nesse contexto, julgo atendidos os requisitos constitucionais para a decretação da medida cautelar"[240].

Nesse caso concreto, a fundamentação da cautelaridade prisional foi fragmentada em três documentos e/ou momentos: primeiro, na prisão pré-processual, que antecedeu a preventiva; depois, no que constou na ata de audiência de custódia e, posteriormente, no relatório da Comissão de Constituição e Justiça, que relatou pela manutenção e pelo atendimento de requisitos constitucionais para decretação do que chamou de medida cautelar.

4.2 Análise e discussão dos dados

Para o tratamento dos dados, utilizamos a categorização, ou seja, a identificação de elementos comuns nos documentos para a análise, à luz dos estudos da retórica. A seguir, abordamos o processo de estabelecimento das categorias e, na sequência, analisamos cada documento. Ao fim, discutimos os dados gerais.

4.2.1 As categorias de análise

Para o estabelecimento das categorias, consideramos: os objetivos, o problema e o referencial teórico, bem como os esquemas emergentes dos dados, ou seja, o que eles trouxeram. Nesse contexto, nossa experiência e nossas leituras foram fundamentais, dada a necessidade de irmos além do que estava posto na materialidade linguística e a importância de observar o contexto de produção para interpretar os significados produzidos nos documentos, o que condiz com pesquisas de abordagem qualitativa.

---

[240] Comunicação de Medida Cautelar Deferida em Desfavor de Deputado n.º 1, de 19/02/2021, s/n.

Após a leitura e as releituras dos casos concretos e verificar sua correlação com os objetivos, problema e referencial teórico, chegamos a três categorias gerais de análise, todas elas associadas às estratégias argumentativas de: 1) medo, 2) figura de autoridade e 3) processos de ligação ou ruptura. Na categoria relacionada ao medo, encontramos cinco subcategorias; à figura da autoridade, identificamos duas; e aos processos de ligação ou dissociação, também duas subcategorias.

No Quadro 18, apresentamos a sistematização das categorias e subcategorias:

Quadro 18 – Categorias e subcategorias de análise

Categoria	Subcategorias
Estratégias argumentativas relacionadas ao **medo**	A punição como exemplo para a sociedade
	A repercussão midiática na produção da insegurança social
	Fundamentadas na comoção social
	Prisão pela gravidade do crime
	Temor de reincidência do acusado no crime
Estratégias argumentativas relacionadas à **figura de autoridade**	Representada pelo julgador
	Representada pelo réu
Estratégias argumentativas relacionadas aos **processos de ligação ou dissociação**	Processo de ligação
	Processo de dissociação

Fonte: o autor (2022)

Para as estratégias argumentativas relacionadas ao **medo**, encontramos cinco subcategorias:

a. **Punição como exemplo para a sociedade**, em que o orador busca demonstrar um rigor punitivo e resposta estatal;

b. **A repercussão midiática na produção da insegurança social**, como fator legitimador da prisão que busca garantir a ordem pública;

c. **Fundamentadas na comoção social**, que visa punição antecipada, fundada em argumento que não se sabe a veracidade;

d. **Prisão pela gravidade do crime**, que busca sentimento de indignação e dar sensação de segurança ao auditório; e

e. **Temor de reincidência do acusado no crime**, produzido pelo orador com o objetivo de causar insegurança e medo no auditório.

No que se refere às estratégias argumentativas relacionadas à **figura de autoridade**, identificamos duas subcategorias:

a. **Representada pelo julgador**, como pessoa competente e com prestígio, que representa uma instituição; e

b. **Representada pelo réu**, pelo poder que exerce sobre a vítima, os familiares e a produção de provas.

Da categoria das estratégias argumentativas relacionadas aos **processos de ligação e dissociação** (categoria teórica fundamentada em Perelman e Olbrechts-Tyteca[241]), desdobraram-se duas subcategorias:

a. **Processo de ligação**, que é baseado em argumento de união, solidariedade e tem por objetivo unir interesses;

b. **Processo de dissociação**, que tem por base a ruptura e/ou o desprendimento entre a pessoa e os seus atos, para que o ponto de vista do auditório sobre a pessoa não seja conduzido para o ato, ou que a opinião consolidada sobre o ato não afete a pessoa.

---

[241] PERELMAN; OLBRECHTS-TYTECA, 2014.

4.2.2 Análise do caso do estudante de publicidade

Inicialmente, é importante esclarecermos que ninguém deve ser preso senão por ordem escrita e fundamentada, conforme assegura a Constituição federal. A fundamentação da ordem prisional deve ser com base em norma processual infraconstitucional, ou seja, seguindo critérios objetivos, como perigo da liberdade do acusado, riscos à investigação ou mesmo à ação penal. Assim, não se pode fundamentar uma prisão preventiva em razões que não encontram legalidade em norma processual estabelecida por lei. No caso concreto em análise, percebemos que o decreto tem como fundamentação a gravidade do crime, a repercussão midiática, o temor da vítima e o clamor social, conforme o trecho *infra*:

> Há, também, **o temor da família da vítima** que se declaram temerosos e inseguros. Embora todo crime tenha repercussão, os requintes de crueldade com que os crimes narrados na denúncia foram praticados gerou **comoção social**, ganhando espaço por vários meses na mídia local e ainda a **sociedade vem cobrando rigor na apuração.** Soltos, os acusados poderão influenciar sobremaneira na colheita da prova, além do risco de prosseguirem na senda criminosa.[242]

Ao teor da norma processual, um decreto cautelar não pode ser fundamentado em gravidade, repercussão e temor da vítima e sociedade. Na nova sistemática sobre prisão preventiva, a motivação deve ser no sentido de apresentar razões concretas que apontem o perigo da liberdade do acusado e investigado. O CPP não considera fundamentada a decisão que aponta riscos genéricos, que não demonstre relação com a causa ou questão decidida, a exemplo do que observamos no excerto a seguir:

> F.S.P, também é agente penitenciário. W.S.S pela qualificação de fl.131 é solteiro e tem profissão de publicitário, **sem indicação de raízes no distrito**

---

[242] Extraído dos Autos n.º 0015031-72.2013.8.22.0501, 2013, p. 532.

da culpa. De algum modo F.S.P poderá vir a molestar o delator que se encontra preso. W.S.S poderá
a qualquer tempo desvincular-se do distrito da
culpa, tendo como consequência, o embaraço à
aplicação da lei penal.[243]

No caso do estudante de Publicidade, é possível perceber a paixão em um misto de sentimentos como medo, temor, insegurança, angústia e indignação. Palavras incisivas invocam o auditório a mergulhar no texto judicial e acionar identidade com a vítima, os familiares e/ou as pessoas boas da sociedade. Ao fundamentar a prisão preventiva no risco de uma continuidade delitiva e, também, por suposta cobrança da sociedade de "rigor punitivo", o magistrado buscou atribuir responsabilidade ao auditório, colocando-o como agente autorizador da supressão das regras sobre prisão.

Ao chamar essa responsabilidade, o orador neutraliza qualquer insurgência contra a ilegalidade, já que a decisão passa a ter contornos democráticos, devido ao clamor tutelado pelo juízo e sua autoridade. Dessa maneira, o magistrado deixa de ser legítimo representante do Poder Judiciário e garantidor das normas processuais, para representar suposto anseio do auditório, conforme evidencia o excerto: "os crimes narrados na denúncia foram praticados gerou comoção social, ganhando espaço por vários meses na mídia local e ainda a sociedade vem cobrando rigor na apuração"[244].

Há protagonismo e representação da figura de autoridade do julgador, que aponta razões abstratas como se tivesse se submetendo à vontade social ou que esta fosse mais democrática que as leis, em um duelo entre a legalidade e a legitimidade. Dessa maneira, há argumentos utilizados para convencer o auditório, com introdução de novos acordos, que permitem inferências por ligação, dissociação e técnicas de rupturas.

O argumento de união, baseado na solidariedade, em defesa de um interesse coletivo, tem por objetivo unir interesses; o argu-

---

[243] Extraído dos Autos n.º 0015031-72.2013.8.22.0501, 2013, p. 532.

[244] *Ibidem*, p. 532.

mento de dissociação tem por princípio a ruptura, destacando as inconveniências das relações estabelecidas, que ensejaram o decreto cautelar preventivo. Perelman e Olbrechts-Tyteca[245] destacam a técnica de ruptura e de refreamento nos casos de incompatibilidade entre o que se julga da pessoa e o que se pensa do ato.

Assim, o ato é desvinculado de possível opinião sobre o delator para se sobrepor a qualquer influência. Um exemplo dessa técnica é perceptível na ausência de informação sobre quem seria o delator do estudante de Publicidade e demais corréus: "Todos os três foram reconhecidos e delatados por M.A.C.S, acusado que já está pronunciado em outro processo"[246].

O orador deixou de mencionar e/ou descrever os motivos que levaram à prisão de M.A.C.S, bem como os elementos de informação que formaram a convicção antecipada de participação no crime, como estratégia argumentativa, a fim de desprender os atos da pessoa do delator. Nesse sentido, é importante esclarecer que o delator havia sido preso, após ser identificado em vídeo de estupro, pronunciado na primeira fase do Tribunal do Júri e condenado; porém, o decreto não apresentou informações que poderiam retirar a credibilidade do delator, bem como constou informação incompleta de ter sido este apenas pronunciado. Vejamos:

> Na cota há pedido de prisão preventiva dos acusados, inclusive com relação ao pedido de prisão preventiva em face dos acusados F.S.P e W.S.S. Eles estão sendo denunciados juntamente com R.B.M.C, sendo que este último encontra-se preso por prisão preventiva decretada por força da decisão de fls. 465/466. A situação dos três denunciados guarda certa semelhança. Todos foram reconhecidos e delatados por M.A.C.S., acusado que já está pronunciado em outro processo.[247]

Por meio de técnicas de rupturas do ponto de vista sobre a pessoa do delator, tal estratégia objetivou desconstruir, para que

---

[245] PERELMAN; OLBRECHTS-TYTECA, 2014.

[246] Extraído dos Autos n.º 0015031-72.2013.8.22.0501, 2013, p. 532.

[247] *Ibidem*, p. 532.

os atos praticados contra a vítima não afetassem na delação[248], haja vista que os atos praticados pelo delator desautorizariam a delação por senso comum ou mesmo percepção de interesse no benefício judicial.

Observamos também a relação de poder nos argumentos de que

> [...] F.S.P, também é agente penitenciário. W.S.S, pela qualificação de fl. 131 é solteiro e tem a profissão de publicitário, sem indicação de raízes no distrito da culpa. De algum modo F.S.P poderá vir a molestar o delator que se encontra preso [...].[249]

Esse último excerto demonstra uma relação entre o medo e o poder, em que o primeiro é interiorizado e o segundo é tomado como suposta influência e controle do que o acusado exerceria, se em liberdade permanecesse.

Na passagem "W.S.S. poderá a qualquer tempo se desvincular do distrito da culpa, tendo como consequência, o embaraço à aplicação da lei penal"[250], é perceptível que o orador atribuiu à norma sentido e construção diversa da pretendida pelo legislador. Entre os requisitos para responder a um processo em liberdade, está a ocupação lícita e ser o acusado domiciliado no distrito da culpa, ou seja, morar na cidade onde está sendo processado.

No caso de o acusado não residir na cidade em que é investigado ou processado, a liberdade não é obstada quando informado o endereço e as razões ao juiz da ação penal. Com isso, a fundamentação de não "indicação de raízes no distrito da culpa"[251] buscou conduzir o auditório para uma compreensão equivocada, como se fosse necessário ser o acusado natural da cidade em que é investigado e/ou processado, ou mesmo com vínculo familiar na

---

[248] O instituto jurídico da delação permite ao réu receber benefício de redução da pena em troca de uma colaboração com o Estado, na produção de provas e busca da verdade real.

[249] Extraído dos Autos n.º 0015031-72.2013.8.22.0501, 2013, p. 532.

[250] *Ibidem*, p. 532.

[251] *Ibidem*, p. 532.

comarca da ação penal. No Quadro 19, agrupamos as principais estratégias usadas na argumentação desse caso:

Quadro 19 – Estratégias empregadas no caso do estudante de publicidade

Categoria	Subcategoria	Excertos
Estratégias argumentativas relacionadas ao medo	A punição como exemplo para a sociedade	*Sem exemplos.*
	A repercussão midiática na produção da insegurança social	"[...] ganhando espaço por vários meses na mídia local".
	Resposta à comoção social	"[...] e ainda a sociedade vem cobrando rigor na apuração".
	Prisão pela gravidade do crime	"[...] os requintes de crueldade com que os crimes narrados na denúncia foram praticados gerou comoção social".
	Temor de reincidência do acusado no crime	"[...] além do risco de prosseguirem na senda criminosa".
Estratégias argumentativas relacionadas à **figura de autoridade**	Representada pelo julgador	"Assim, para garantia da ordem pública, para assegurar a aplicação da lei penal e por conveniência da instrução criminal, DECRETO A PRISÃO PREVENTIVA dos requeridos".
	Representada pelo réu	"Soltos, os acusados poderão influenciar sobremaneira na colheita da prova".

Categoria	Subcategoria	Excertos
Estratégias argumentativas relacionadas aos processos de ligação ou dissociação	Processo de ligação	"[...] a sociedade vem cobrando rigor na apuração".
	Processo de dissociação	"[...] todos os três foram reconhecidos e delatados por M.A.C.S, acusado que já está pronunciado em outro processo".

Fonte: o autor (2022)

No argumento de ligação de coexistência, de pessoa e seus atos, a realidade principal é a pessoa; e o elemento secundário seus atos, que são considerados como origem da pessoa, características que a apresentam e formam. A palavra "ato" contém tudo o que é relacionado à pessoa, como a forma de falar, de se expressar, seus gestos e atitudes. Essa técnica busca qualificar a pessoa apoiada em seu(s) ato(s), ou, ainda, julga a pessoa pelos seus atos. De acordo com Ferreira[252], "o medo, infiltrado pelo discurso, pode ultrapassar os limites do subjetivo, das impressões rotineiras, para deixar marcas sociais profundas". O medo é uma estratégia argumentativa relacionada à emoção e à adesão do auditório.

4.2.3 Análise do caso do professor

Nesse caso específico, chamou-nos atenção a interpretação dada a um fato ocorrido no ano de 2017, quando um professor foi preso preventivamente,

> [...] após representação de autoridade policial, motivada por uma ocorrência registrada pela mãe de uma jovem que, segundo os autos analisados, teria se envolvido amorosamente com o professor poeta.[253]

---

[252] FERREIRA, 2021a, p. 17.
[253] CHEDIAK, 2017, p. 76.

A investigação apurou um relacionamento consentido, o que levou a autoridade policial a mudar o tipo e/ou enquadramento legal de estupro para o crime de "trocar vídeos ou fotografias de pornografia com menor". Assim, à conduta do professor foi atribuída uma reprimenda penal grosseira, na busca de penalizar o que a lei não buscou tutelar.

De fato, o Art. 241-A do ECA busca combater a exploração sexual, bem como assegurar o desenvolvimento de crianças e adolescentes. A norma material tem por objetivo combater a produção, a venda e a distribuição de materiais que contenham pornografia infantojuvenil e a pedofilia praticada na internet. Dessa forma, há uma criminalização da divulgação de fotos e vídeos que contenham cenas pornográficas de crianças ou adolescentes por qualquer meio de comunicação, o que não foi o caso, já que o apurado apontou para uma atividade sexual física e, também, virtual.

Nos autos, não constaram indícios ou elementos que levassem ao entendimento de querer o acusado divulgar as imagens recebidas e/ou enviadas à menor, mas sim que "teria trocado diversos materiais pornográficos, bem como mídias de nudez entre ambos"[254]. A afirmativa do juízo não configura o crime do Art. 241-A da Lei n.º 8.069/1990, tampouco se enquadra na vontade do legislador, já que os autos não apontaram pela vontade de divulgação. O que se apurou com as investigações foi que a relação sexual ultrapassou o contato físico, chegando a atingir uma intimidade virtual entre o casal.

A primeira incoerência reside no fato de não ser crime a conjunção carnal, porém reprimir o que saiu do âmbito físico para o virtual, considerando-se que o dolo[255] do agente apontou a vontade de relacionamento sexual, e não a divulgação para satisfazer rede de pedofilia. Sem anterioridade para a conduta do professor, o caminho encontrado foi a condução a razões como a

---

[254] Extraído dos Autos n.º 1000363-22.2017.8.22.0701, do 2.º Juizado da Infância e Juventude, de Porto Velho, 11/07/2017, s/n.

[255] O dolo é a vontade do agente.

paixão, evidenciada na decisão, que apontou para gravidade do crime e problema local, ante o alto índice de "relatos sexuais com menores"[256], conforme registrado no trecho a seguir:

> Ademais, trata-se de **crime grave**, com grande **demanda na sociedade**, envolvendo menores, **o que aumenta sua gravidade** pois práticas sexuais podem ser livremente perpetradas entre adultos mas, **sobretudo nas regiões Norte e Nordeste**, lamentavelmente, tem sido **rotineira a ocorrência de relatos sexuais** com menores, como se fosse algo comum ou banal.[257]

No excerto destacado, a magistrada demonstrou sentimento pessoal, lamentando-se ao abordar a recorrência de crimes de natureza sexual contra crianças e adolescentes na região Norte, e, dessa forma, no lugar da fala, tomou como suporte a quantidade para fundamentar a conclusão e reprovar conduta ética moral do professor, sustentando teses em uma relação de paixão, cólera e/ou compaixão, para realizar a própria defesa e acusação do professor. Para tanto, em seu discurso, a oradora assumiu crenças e valores do auditório em relação ao problema local. Observemos o seguinte trecho:

> Retornando ao caso em apreço, entendo que a medida de segregação, pela gravidade do crime, outras provas anexadas, que descrevem as conversas com as demais adolescentes ou oitivas realizadas **trazem à baila um comportamento social ofensivo e contrário ao que se espera, especialmente de sua função (professor).**

Desse modo, fundamentado em desvio de conduta ética e/ou moral, o decreto preventivo contrariou a Lei n.º 12.403/2011, que inseriu no CPP outras medidas cautelares diversas da prisão, especificamente no Art. 319, inciso III, que possibilita a "proibição

---

[256] Extraído dos Autos n.º 1000363-22.2017.8.22.0701, do 2.º Juizado da Infância e Juventude, de Porto Velho, 11/07/2017, s/n.

[257] *Ibidem.*

de manter contato com pessoa determinada quando, por circunstâncias relacionadas ao fato, deva o indiciado ou acusado dela permanecer distante"[258]. A desconstrução da conduta e dolo do professor, pelo juízo, é percebida na afirmação de haver riscos de o acusado "reiterar o ato de aliciamento, trocando novas mídias com outras adolescentes"[259], pois não havia nenhum indício de aliciamento ou denúncia nesse sentido. O que havia sido apurado no inquérito policial foi conjunção carnal consensual e troca de imagens de nudez. No Quadro 20, sintetizamos as estratégias empregadas nesse caso:

Quadro 20 – Estratégias empregadas no caso do professor

Categoria	Subcategoria	Excertos
Estratégias argumentativas relacionadas ao medo	A punição como exemplo para a sociedade	"Tais motivos por si só, são suficientes para decretar a prisão preventiva do Representado, pois devidamente fundada na garantia da ordem pública, vez que evitará recidivas, bem como na necessidade de garantir a aplicação da lei penal".
Estratégias argumentativas relacionadas ao medo	A repercussão midiática na produção da insegurança social	Sem exemplos.
	Resposta à comoção social	"[...] tem sido rotineira a ocorrência de relatos sexuais com menores como se fosse algo comum ou banal".

---

[258] Extraído dos Autos n.º 1000363-22.2017.8.22.0701, do 2.º Juizado da Infância e Juventude, de Porto Velho, 11/07/2017, s/n.

[259] *Ibidem.*

Categoria	Subcategoria	Excertos
	Prisão pela gravidade do crime	"Ademais, trata-se de crime grave, com grande demanda na sociedade, envolvendo menores".
	Temor de reincidência do acusado no crime	"Com efeito, entende-se que, perfeitamente, pode voltar a reiterar o ato de aliciamento, trocando novas mídias com outras adolescentes".
Estratégias argumentativas relacionadas à **figura de autoridade**	Representada pelo julgador	"[...] entendo plausível o pedido de obtenção de provas em unidade domiciliar, sendo meio adequado para trazer êxito ao prosseguimento da investigação". "Ora, com postura do investigado e as assertivas acima indicadas, demonstra-se a necessidade de se acautelar a vítima, a ordem pública, a aplicabilidade da Lei Penal e a conveniência da investigação policial e, futuramente, da instrução processual".

Categoria	Subcategoria	Excertos
	Representada pelo réu	"[...] as conversas com as demais adolescentes ou oitivas realizadas trazem à baila um comportamento social ofensivo e contrário ao que se espera, especialmente de sua função (professor)". "[...] podendo 'mutilar' a produção de eventuais provas orais, eis que exerce forte influência sobre aquela".
Estratégias argumentativas relacionadas aos **processos de ligação ou dissociação**	Processo de ligação	"[...] sob pena de estimular situações envolvendo adultos e adolescentes de tenra idade até criança, eis que não raro os processos que aqui tramitam a descrevem com 10, 11 anos...".
	Processo de dissociação	"[...] um comportamento social ofensivo e contrário ao que se espera, especialmente de sua função (professor)".

Fonte: o autor (2022)

Fundamentar a prisão preventiva no fato de o acusado ser professor ou pela presunção de exercer influência sobre a vítima demonstraria a ausência do *periculum libertatis*[260]. A estratégia visa conduzir o auditório a razões e/ou argumentos, ainda que não encontre suporte na lei, julgando a pessoa por seus atos.

---

[260] CHEDIAK, 2017.

4.2.4 Análise do caso do deputado

A prisão do deputado insere-se na retórica da polarização política. De um lado, homens públicos que assumem os discursos e/ou anseios de um auditório médio, com objetivo de conduzir o senso comum a fortalecê-los; de outro lado, as instituições da república que possuem especial proteção das leis brasileiras. Em suma, visualiza-se uma disputa pelo poder e espaço político, por meio da deliberação popular pelo sufrágio universal.

Nesse ambiente, a retórica serve e antecipa-se à legitimação popular ou mesmo à desconstrução das normas e dos limites jurídicos. Para uma melhor compreensão, é importante esclarecer que as regras para apuração de crimes e segregações delineiam papel específico para cada agente, na construção da culpa de um indivíduo. Essas regras são denominadas de sistemas processuais penais e dividem-se em sistema inquisitório, sistema acusatório e sistema misto.

No sistema inquisitório, o poder de punir está concentrado nas mãos de uma única pessoa, que investiga, denuncia e julga. O sistema acusatório adotado no Brasil especifica a função de cada agente envolvido no *jus puniendi*: quem é responsável pela investigação; quem denuncia; quem realiza a defesa e quem julga. Esse sistema se destaca por contemplar a defesa dos direitos fundamentais, como a presunção de inocência, o contraditório e a ampla defesa, a dignidade da pessoa humana. Nessa esteira, quem investiga ou denuncia não pode julgar, pois assim não haveria isenção na análise das provas.

Feitas essas considerações, chegamos a informações necessárias à análise do contexto do caso do deputado; então, passamos às etapas que constituíram a segregação cautelar analisada. Como descrevemos anteriormente, o ministro presidente do STF instaurou inquérito policial para apurar *fake news* e crimes de ameaça, calúnia, difamação e injúria que atingiriam a "honorabilidade e a segurança do Supremo Tribunal Federal, de seus membros e familiares"[261].

---

[261] Relatório Inquérito n.º 4.781, Distrito Federal,16/02/2021, s/n.

Com as investigações, houve ciência acerca do vídeo intitulado *Política Play*, publicado no YouTube pelo deputado federal D.S. Segundo o ministro relator do inquérito, o vídeo atacava, por meio de ameaças, a honra da Suprema Corte e seus ministros, propunha medidas antidemocráticas, ao defender o AI-5, bem como a destituição dos ministros do STF. Após conhecimento do teor do vídeo, o relator do inquérito decidiu pela prisão em flagrante do deputado federal, por crime inafiançável, e determinou ao diretor-geral da Polícia Federal a execução. Na decisão pela prisão em flagrante, o ministro considerou gravíssimas as manifestações do deputado, conforme observamos no seguinte trecho:

> As **manifestações** do parlamentar D.S., por meio das redes sociais, **revelam-se gravíssimas**, pois, não só atingem a honorabilidade e constituem ameaça ilegal à segurança dos Ministros do SUPREMO TRIBUNAL FEDERAL, como se revestem de claro intuito visando a impedir o exercício da judicatura, notadamente a independência do poder judiciário e a manutenção do Estado democrático de direito [...].[262]

No texto judicial da prisão, que antecedeu o decreto cautelar preventivo, percebe-se um raciocínio sustentado na ameaça contra a ordem constitucional de um país com recente abertura política. O referido texto destaca "SUPREMO TRIBUNAL FEDERAL", assim, em caixa alta, na busca da credibilidade e proteção dessa instituição, devido ao abalo da imagem dos magistrados em face da polarização política, como quem buscava, de forma incisiva, demonstrar a qual poder pertencia e/ou demonstrar seu lugar retórico de fala.

Com um discurso democrático, o relator buscou confundir a arbítrio em decisão que contrariou o sistema processual penal acusatório, por ser pessoa afetada pelo suposto fato, definido, no relatório, como crime. Assim, além de vítima/acusador, o relator decidiu por bem da democracia. O lugar de ordem "Ministros do SUPREMO TRIBUNAL FEDERAL"[263] buscou registrar a superioridade

---

[262] Relatório Inquérito n.º 4.781, Distrito Federal,16/02/2021, s/n.

[263] *Ibidem.*

do orador e deixar menos perceptíveis argumentos inconsistentes e/ou falaciosos, os quais carecem de fundamentos válidos, com o propósito de conduzir raciocínios a uma lógica inexistente:

> A Constituição Federal não permite a propagação de ideias contrárias a ordem constitucional e ao Estado democrático (CF, artigo 5º, XLIV; 34, III e IV), nem tampouco a realização de manifestação nas redes sociais visando o rompimento do Estado de Direito, com a extinção das cláusulas pétreas constitucionais – Separação dos poderes (CF, artigo 60, § 4º), com a consequente, instalação do arbítrio [...].[264]

Ao tomar como suporte da retórica institucional a Constituição federal, o orador buscou construir um *ethos* digno de fé, com conhecimento de causa, para mover com segurança o auditório para um espaço de confiança. Dessa forma, transcreveu norma legal para fundamentar interpretação inadequada, já que a Constituição não proíbe nenhuma manifestação do pensamento, mas apenas veda o anonimato, que dificultaria reparos proporcionais ao agravo.

Entre as condutas descrita na decisão do ministro, constou que o deputado tentou controlar "a força do pensamento crítico, indispensável ao regime democrático; quanto aquelas que pretendam destruí-lo, juntamente com suas instituições republicanas"[265].

Segundo a decisão, o estado de flagrância e ardência do crime que autorizou a prisão estaria no fato de o vídeo estar disponível na rede mundial de computadores. Com a prisão em flagrante do parlamentar, realizada por ordem do relator, o plenário do STF referendou e encaminhou os autos à Câmara Federal para que o voto da maioria dos deputados decidisse sobre conversão em prisão cautelar. Por conseguinte, evidencia-se o predomínio do gênero deliberativo, em que a relatora da Comissão de Constituição e

---

[264] Relatório Inquérito n.º 4.781, Distrito Federal,16/02/2021, s/n.
[265] *Ibidem.*

Justiça e Cidadania fez constar no relatório, votado pela maioria dos parlamentares, que o custodiado teria pugnado "pela cassação dos atuais integrantes"[266] do STF, quando das críticas realizadas:

> Nem a Democracia nem as instituições brasileiras são ideais e, com frequência, sobram motivos para críticas que, de acordo com a própria jurisprudência do Supremo Tribunal Federal, podem ser duras, contundentes e até mesmo irônicas. Nenhuma autoridade, é preciso deixar claro, está imune à crítica, seja ela o Presidente da República, os Presidentes das casas dos Poderes Legislativos, os parlamentares, os ministros do Supremo Tribunal federal, os magistrados ou os membros do Ministério Público, mas é preciso traçar uma linha e deixar clara a diferença entre a crítica contundente e um verdadeiro ataque às instituições democráticas.[267]

No excerto supradestacado, a palavra "Democracia" foi grafada com inicial maiúscula, como se fosse um substantivo próprio, subdividido e/ou especificado. Da mesma forma, registra que a atitude do deputado custodiado reportou em ataque às instituições democráticas, como se fossem dotadas de sentimentos ou personificadas. O voto da relatora aportou-se nas afirmações do ministro relator do Inquérito n.º 4781-DF, que figuraram como exposição de provas, que foram vinculadas ao prestígio da instituição STF.

O apelo aos sentimentos e às vivências dos deputados evidencia-se no excerto que analisa toda a trajetória do parlamentar custodiado, em vez do fato específico, como se fosse possível fatos externos ou condutas pretéritas influenciarem um julgamento, senão para agravar, na dosimetria da pena:

> Temos entre nós um deputado que vive de atacar a democracia e as instituições e transformou o exercício de seu mandato em uma plataforma

---

[266] Relatório Inquérito n.º 4.781, Distrito Federal,16/02/2021, s/n.

[267] Voto da relatora da comunicação de medida cautelar deferida a desfavor do deputado n.º 1, de 2021.

de propagação do discurso do ódio, de ataques a minorias, de defesas de golpes de estado e de incitação à violência contra autoridade públicas.[268]

A técnica de ruptura consiste em separar um igual pela desigualdade e/ou incompatibilidade apresentada, pelo que se julga de um parlamentar e o que se pensa do ato. Com essa técnica, a relatora buscou atingir a identidade do auditório, formada por parlamentares, para que tal identidade não influenciasse a deliberação e/ou voto pela permanência da prisão cautelar.

Observamos que o deputado extrapolou o limite jurídico da liberdade de expressão, porém as fundamentações encontradas nas três peças que compõem a segregação cautelar (decisão pela prisão em flagrante delito; relatório da Comissão de Constituição e Justiça e de Cidadania; substituição do decreto preventivo por outras medidas cautelares) são fundamentadas em prova retórica e/ou paixão, mas não no limite jurídico das Leis de 2011 e 2019, que modificaram sistematicamente a matéria de prisão cautelar preventiva no CPP.

No decreto prisional do deputado, verificamos a punição antecipada, pelo desprezo, para servir de exemplo e inibir condutas sugeridas aos seguidores do parlamentar: "durante o trâmite desta Ação Penal, no período em que o denunciado esteve em prisão domiciliar, o seu reiterado desprezo pelo SUPREMO TRIBUNAL FEDERAL e pelo Poder Judiciário, de modo geral, não se modificou"[269]. Além disso, temos a figura da personificação, quando o orador atribui ao Poder Judiciário valores tipicamente humanos, como a honra: "as condutas praticadas pelo Deputado Federal, além de tipificarem crimes contra a honra do Poder Judiciário"[270].

A repercussão midiática foi elemento utilizado para justificar o medo de reiteração e consequente afronta ao regime democrá-

---

[268] Voto da relatora da comunicação de medida cautelar deferida a desfavor do deputado n.º 1, de 2021.

[269] Excerto da decisão pela substituição da prisão preventiva por medida cautelar nos autos da ação penal 1.044 do D.F.

[270] Extraído da decisão pela prisão em flagrante do deputado nos autos do Inquérito 4.781-D.F.

tico, como forma de legitimar segregação não autorizada pelas leis infraconstitucionais: "o vídeo disponibilizado pelo parlamentar permanece disponível nas redes sociais e acessível ao público"[271].

A afirmação buscou apontar repercussão midiática na produção da insegurança social, pela divulgação de ideias antidemocráticas. Agora veja:

> [...] o cometimento reiterado de condutas semelhantes pelo parlamentar amplamente conhecida e divulgadas pela imprensa do país e por ele próprio mostram que as ameaças aos integrantes do tribunal constitucional eram sérias e críveis [...][272],

Nesse último excerto, percebemos fundamentação genérica, capitulação em crime que o parlamentar se livraria solto, ou seja, responderia em liberdade, em razão de a quantidade de pena atribuída não comportar prisão, mesmo em caso de condenação.

Outra estratégia utilizada consiste de argumentos de medo sobre a gravidade do crime, maximizada por expressões superlativas referentes a um suposto perigo de lesão a independências dos Poderes: "foram gravíssimas as ameaças realizadas pelo parlamentar"[273] e, também pelo temor da reincidência, como estratégia de permanência do risco a instauração de regime totalitário: "O autor das condutas é reiterante na prática criminosa, pois está sendo investigado em inquérito policial nessa CORTE a pedido da PGR, por ter se associado com o intuito de modificar o regime vigente"[274].

A construção do medo conduz o auditório ao sentimento de ser suscetível ao perigo e à legitimação de um rigor punitivo desproporcional à vontade do agente. O discurso de autoridade possibilita eficácia a um discurso instituinte que desrespeita normas constitucionais referentes à prisão e à liberdade. O poder conferido ao orador pela instituição indica-lhe autoridade e competência, o

---

[271] Relatório da Comissão de Constituição e Justiça e de Cidadania.

[272] Voto da relatora da comunicação de medida cautelar deferida a desfavor do deputado n.º 1, de 2021.

[273] Extraído da decisão pela prisão em flagrante do deputado nos autos do Inquérito 4.781-D.F.

[274] *Ibidem.*

que pode aparentar mérito, ética e dever; assim, ante o privilégio retórico que o orador possui, há uma validação desse poder. O discurso autoritário da instituição permite a administração do medo e a busca pela segurança com segregações ilegais. No Quadro 21, a seguir, demonstramos as estratégias empregadas nesse caso:

Quadro 21 – Estratégias empregadas no caso do deputado

Categoria	Subcategoria	Excertos
Estratégias argumentativas relacionadas ao **medo**	A punição como exemplo para a sociedade	"Durante o trâmite desta Ação Penal, **no período em que o denunciado esteve em prisão domiciliar,** o seu reiterado desprezo pelo SUPREMO TRIBUNAL FEDERAL e pelo Poder Judiciário, de modo geral, não se modificou" (CONVERSÃO DA PRISÃO PREVENTIVA EM MEDIDAS CAUTELAR DIVERSA DA PRISÃO).
	A repercussão midiática na produção da insegurança social	"[...] **o vídeo disponibilizado pelo parlamentar permanece disponível nas redes sociais** e acessível ao público". "[...] o cometimento reiterado de condutas semelhantes pelo parlamentar **amplamente conhecida e divulgadas pela imprensa do país e por ele** próprio mostram que as ameaças aos integrantes do tribunal constitucional eram sérias e críveis" (RELATÓRIO DA COMISSÃO DE CONSTITUIÇÃO E JUSTIÇA E DE CIDADANIA).
	Resposta à comoção social	*Sem exemplos.*
	Prisão pela gravidade do crime	"[...] foram gravíssimas as ameaças realizadas pelo parlamentar" (RELATÓRIO DA COMISSÃO DE CONSTITUIÇÃO E JUSTIÇA E DE CIDADANIA).

Categoria	Subcategoria	Excertos
	Temor de reincidência do acusado no crime	"[...] o cometimento reiterado de condutas semelhantes pelo parlamentar [...] revelando a periculosidade do colega e justificando a sua prisão para impedir a continuidade da prática delitiva" (RELATÓRIO DA COMISSÃO DE CONSTITUIÇÃO E JUSTIÇA E DE CIDADANIA). "O autor das condutas é reiterante na prática criminosa, pois está sendo investigado em inquérito policial nessa CORTE a pedido da PGR, por ter se associado com o intuito de modificar o regime vigente" (DECISÃO PELA PRISÃO EM FLAGRANTE).
Estratégias argumentativas relacionadas à **figura de autoridade**	Representada pelo julgador	"[...] feitas tais considerações, deixo consignado que considero presente caso excepcionalíssimo e, nesse contexto, julgo atendidos os requisitos constitucionais para decretação da medida cautelar" (RELATÓRIO DA COMISSÃO DE CONSTITUIÇÃO E JUSTIÇA E DE CIDADANIA).
Estratégias argumentativas relacionadas à **figura de autoridade**	Representada pelo réu	"Da transcrição, depreende-se uma clara tentativa de intimidar os ministros o Supremo Tribunal Federal, com ameaças ao livre exercício de suas funções bem como a sua integridade física". "Temos entre nós um deputado que vive de atacar a democracia e as instituições e transformou o exercício de seu mandato em uma plataforma de propagação do discurso do ódio, de ataques a minorias, de defesas de golpes de estado e de incitação à violência contra autoridades públicas" (RELATÓRIO DA COMISSÃO DE CONSTITUIÇÃO E JUSTIÇA E DE CIDADANIA).

Categoria	Subcategoria	Excertos
Estratégias argumentativas relacionadas aos **processos de ligação ou dissociação**	Processo de ligação	"[...] as condutas praticadas pelo referido Deputado Federal, além de tipificarem crimes contra a honra do poder judiciário e dos Ministros do Supremo Tribunal federal" (DECISÃO PELA PRISÃO EM FLAGRANTE).
	Processo de dissociação	"Temos entre nós um deputado que vive de atacar a democracia e as instituições e transformou o exercício de seu mandato em uma plataforma de propagação do discurso do ódio, de ataques a minorias, de defesas de golpes de estado e de incitação à violência contra autoridades públicas" (RELATÓRIO DA COMISSÃO DE CONSTITUIÇÃO E JUSTIÇA E DE CIDADANIA).

Fonte: o autor (2022)

4.3 Discussão geral dos dados

Os decretos analisados guardam semelhanças nas estratégias retóricas que buscaram desconstruir a norma ou mesmo ludibriar as ilegalidades das prisões cautelares. Com isso, o orador utilizou da sua autoridade e/ou instituição para conduzir o auditório à interpretação inadequada, obter adesão e estabelecer um consenso entre o racional e o passional.

O discurso, a autoridade do orador e a paixão do auditório determinaram o que poderia ser legitimado, em confronto à norma jurídica, quanto às hipóteses de cabimento da prisão preventiva. Assim, nos casos concretos, temos a prisão pela gravidade do crime; para assegurar temor social ou da vítima; riscos abstratos, como mudança do regime democrático, fuga do investigado, reiteração do fato delituoso e de não ser possível aplicar a pena com a condenação.

A lei que rege as regras sobre prisão não permite a segregação quando há possibilidade de acautelar ou garantir a investigação e a ação penal por medidas menos gravosas que a prisão. Dessa forma, a Lei 12.403/2011 inseriu no CPP outras medidas cautelares diversas da prisão. Tais medidas assegurariam, de forma menos gravosa, as mesmas cautelaridades genéricas constantes nos decretos cautelares preventivos; porém, a retórica da prisão como primeira alternativa para assegurar a sociedade e reprimir riscos ao cidadão sobrepôs-se ao limite jurídico construído socialmente pelas normas.

No caso do estudante de Publicidade, o orador coloca-se no texto de forma imperativa, em primeira pessoa, como se a vontade ou o agir não fossem da norma, mas sim de seu desejo pessoal: "Ordeno a citação dos acusados"[275]. Ora, o magistrado deve citar, e não ordenar, como se a ação de citar não fosse regra processual ou que se sustentasse na autoridade do orador.

Para justificar a cautelaridade dos segregados pelo risco de "vir a molestar o delator" preso ou "desvincular-se do distrito da culpa"[276], o orador fez constar a crueldade e a comoção social para despertar no auditório sentimentos e/ou paixões que justificassem a prisão e demonstrassem o risco "de prosseguirem na senda criminosa"[277]. Dessa forma, valeu-se da razão e da emoção para suscitar a adesão do auditório e aproximar os indignados, com fundamento estranho ao que determinam as regras da lei. Conforme mencionamos no referencial teórico deste estudo, Aristóteles[278] afirma que o orador assume discurso com base nas crenças e nos valores do auditório e, assim, sustenta ideias na relação de paixão, cólera e/ou compaixão, para falar o que o auditório quer ouvir e obter sua adesão.

Para acautelar o risco de o réu se evadir, bastaria proibi-lo de se ausentar da comarca ou obrigá-lo a comparecer periodicamente

---

[275] Excerto extraído do decreto preventivo referente aos autos do processo 0015031-72.2013.8.22.0501, da 1.ª Vara do Tribunal do Júri.

[276] *Ibidem.*

[277] *Ibidem.*

[278] ARISTÓTELES, 2011.

em juízo, no prazo e nas condições fixadas, para justificar atividades; entretanto, o orador preferiu incutir o medo, ao presumir o risco da continuidade delitiva, e justificar a cautelaridade com a prisão. Em relação ao risco de o investigado molestar o delator preso, por ser agente penitenciário, a lei possibilita a proibição de acesso e/ou de frequentar determinados lugares ou de manter contato com pessoas determinadas quando, por circunstâncias relacionadas ao fato, deva o indiciado ou acusado dela permanecer distante. O magistrado também poderia suspender o acusado do exercício de função pública.

Observamos, ainda, a conveniência do discurso de autoridade com técnicas discursivas de aproximação, em que o orador atribui ao auditório/sociedade responsabilidade pelo que chamou de rigor na apuração. Se a conduta do magistrado é baseada em uma cobrança social, conforme o alegado, ele estaria agindo com legitimidade. Tal antecipação de qualquer deliberação acerca do assunto busca silenciar ou inibir insurgências contra a prisão.

No caso do professor, o orador usou do mesmo artifício que fundamentou a prisão no medo da vítima, gravidade do crime, comoção social, influência do investigado sobre a vítima, em uma relação de poder, bem como em riscos abstratos inseridos no sentido de ordem pública, sem nem ao menos explicar o que seria a "desordem pública".

Enquanto, no caso do estudante de Publicidade, o orador buscou inserir o auditório em um espaço de dor, em uma "senda criminosa"[279], no caso do professor associou o relacionamento consensual com uma aluna a um problema local, que afronta o desenvolvimento e a dignidade sexual de menores ribeirinhas:

> [...] a prática sexual pode ser livremente perpetrada entre adultos mas, sobretudo nas regiões Norte e Nordeste, lamentavelmente, tem sido rotineira a ocorrência de relatos sexuais com menores, como se fosse algo comum ou banal [...].[280]

---

[279] Excerto extraído do decreto preventivo referente aos autos do processo 0015031-72.2013.8.22.0501, da 1.ª Vara do Tribunal do Júri.

[280] Excerto extraído do decreto preventivo referente aos autos do processo 1000363-22.2017.8.22.0701, do 2.º Juizado da Infância e da Juventude.

O paralelo que alimenta a cólera, a ira e a sensação de impunidade trabalhou sentimento previsível de indignação de um auditório afetado pela questão social, ao passo que conferiu ao orador autoridade e conhecimento sobre o assunto, já que "não raro os processos"[281] que tramitaram sob sua responsabilidade.

O caso do deputado teve repercussão nacional, em um contexto de polarização política e disputa pelo poder. Com isso, temos uma clara divisão do auditório e maior contestação à validade da prisão, já que as paixões são divididas pelo debate político. O que encontramos de desigual foi a comoção, pois o suposto crime praticado representou anseio de parte do auditório. Nos demais argumentos, percebemos como fundamentação: o medo ou o risco que representaria a liberdade do acusado; a gravidade do crime; a repercussão na mídia; a manutenção da ordem pública.

A técnica de ruptura também é percebida no relatório favorável à prisão, confeccionado pela Comissão de Constituição e Justiça e Cidadania, com objetivo de obstar identidades. Para tanto, individualizou o deputado, segregado dos demais pela conduta reprovável: "temos entre nós um deputado que vive de atacar a democracia e as instituições"[282]. A técnica argumentativa permitiu que os demais parlamentares não se colocassem no lugar do deputado preso ilegalmente, já que representou o diferente.

No Quadro 22, a seguir, comparamos as principais semelhanças e diferenças das técnicas argumentativas empregadas nos casos analisados:

---

[281] Excerto extraído do decreto preventivo referente aos autos do processo 1000363-22.2017.8.22.0701, do 2.º Juizado da Infância e da Juventude.

[282] Voto da relatora da comunicação de medida cautelar deferida a desfavor do deputado n.º 1, de 2021.

Quadro 22 – Comparativo das semelhanças das técnicas argumentativas

Categoria	Subcategoria	Casos analisados
Estratégias argumentativas relacionadas ao medo	A punição como exemplo para a sociedade	Não apareceu no caso do deputado.
	A repercussão midiática na produção da insegurança social	Não apareceu no caso do professor.
	Fundamentadas na comoção social	Não apareceu no caso do deputado.
	Prisão pela gravidade do crime	Apareceu nos três casos analisados.
	Temor de reincidência do acusado no crime	Apareceu nos três casos analisados.
Estratégias argumentativas relacionadas à **figura de autoridade**	Representada pelo julgador	Apareceu nos três casos analisados.
	Representada pelo réu	Apareceu nos três casos analisados.
Estratégias argumentativas relacionadas aos **processos de ligação ou dissociação**	Processo de ligação	Apareceu nos três casos analisados.
	Processo de dissociação	Apareceu nos três casos analisados.

Fonte: o autor (2022)

A primeira semelhança está no fato de as prisões não atenderem à norma processual, como, por exemplo, demonstrar, de forma concreta, o perigo da liberdade do investigado e que outra medida cautelar diversa da prisão não se revelaria mais adequada. Nos três casos, temos artifícios retóricos utilizados para sustentar o justo e o injusto, conduzir o racional e as paixões para obter adesão e estabelecer consenso.

O caráter do orador e a figura de autoridade são elementares na busca de legitimação da decisão pelo auditório e foram marcas incisivas nos decretos. Os acusados têm, na figura da autoridade, razões ou fundamentos que os segregaram; assim, ora foram associados a perigos abstratos, ora ao temor de induzirem na condução da investigação. Identificamos as técnicas de ligação e a dissociação nos três decretos analisados, para inibir a influência de identidades com os acusados na deliberação e, também, para relacioná-los a outros riscos e/ou medo social.

Nos três casos, a gravidade do crime e o temor de reincidência do acusado relacionaram-se às estratégias argumentativas para imprimir no auditório sensação de medo, pelo verossímil e pela persuasão, somados a outros argumentos (que não foram identificados em todos os casos), como: a punição como exemplo para a sociedade; a repercussão midiática na produção da insegurança social; a fundamentação na comoção social.

CONSIDERAÇÕES FINAIS

Os estudos da retórica apresentam um campo profícuo para a compreensão da linguagem e sua produção em um contexto social e cultural. Nessa perspectiva, estabelecemos como objetivo geral desta pesquisa compreender a retórica como instrumento legitimador da prisão cautelar em dois decretos preventivos do Judiciário de Rondônia e um de repercussão nacional. Para tanto, analisamos o caso do estudante de Publicidade, o caso do professor e o caso do deputado.

Os objetivos específicos estabelecidos foram: a) identificar argumentos nos decretos preventivos como fundamento da prisão cautelar, b) verificar nos decretos os elementos persuasivos relacionados ao sentimento moral de conformidade do auditório e c) analisar como o medo é inserido, nos argumentos do julgador, para convencer os jurisdicionados da legalidade do decreto.

A hipótese levantada no início da pesquisa foi confirmada pela análise dos decretos, pois as fundamentações encontradas não possuem amparo legal, mas sim estratégia retórica de convencimento. Assim, a norma jurídica é desconstruída por meio de técnicas persuasivas, que ressaltam a dignidade, a autoridade e o senso de justiça. O *ethos* da autoridade do orador valida as intenções e os argumentos baseados na estrutura do real, generalizando fatos particulares. Nessa construção, há procedimentos de dissociação, a fim de estabelecer coerência, bem como de suscitação do medo, pela gravidade do crime e risco de reincidência. Dessa forma, há exploração da comoção social e riscos abstratos inseridos pelo orador.

Os elementos persuasivos relacionados ao sentimento moral de conformidade do auditório são partilhados mediante progressão, por inferências que partem de fatos particulares ou de experiências. O medo é projetado nos argumentos do julgador para convencer os jurisdicionados acerca da legalidade do decreto, de forma abstrata; dessa maneira, o medo conduz à incerteza e orienta o comportamento do auditório, que preenche o vazio retórico com argumentos de dúvida que alteram o espírito[283]. Então, decisões são firmadas em riscos, como no caso à ordem pública, sem dizer o que seria a desordem; por isso, movimentam a alma e alteram julgamentos e concepções sobre determinada situação[284].

Há, ainda, decisão fundamentada no risco da continuidade delitiva do acusado, que reflete no auditório sentimento de vulnerabilidade, de ser suscetível ao perigo, até porque tais afirmações são feitas por pessoa envolvida no processo, o juiz, legítimo representante do Poder Judiciário; ou seja, por meio da figura de autoridade, coloca-se nas decisões como representante do povo para apontar um risco à impunidade e justificar resposta estatal contrária à lei. A decisão pautada no risco da reincidência contraria o princípio da presunção de inocência. Tal princípio confirma a prisão cautelar preventiva como sendo excepcional, já que não se pode assumir que o investigado é culpado ou que praticou determinado delito, sem o devido processo legal, com antecipação da pena, sem o contraditório. Nesse sentido, alegar perigo de reiteração delituosa é o mesmo que afirmar que o investigado praticou o crime descrito na representação pela prisão. Por conseguinte, a proibição legal de se asseverar a culpa do acusado é suprida pelas ideias de causa e consequência, paixão e verossímil.

Ao analisar os casos concretos, com foco nos objetivos, problema e referencial teórico, alcançamos três categorias gerais de análise, relacionadas às estratégias argumentativas baseadas no medo, na figura de autoridade e nos processos de ligação ou ruptura. Na estratégias relacionadas ao medo, encontramos cinco subcategorias: a punição como exemplo para a sociedade, em que o orador busca demonstrar um rigor punitivo e resposta estatal; a repercussão midiática na produção da insegurança social como fator legitimador da prisão que busca garantir a ordem pública;

---

[283] FERREIRA, 2021b.
[284] ARISTÓTELES, 2011.

a comoção social que visa punição antecipada, fundada em argumento de que não se sabe a veracidade; a prisão pela gravidade do crime, que busca sentimento de indignação e sensação de segurança no auditório; o temor de reincidência do acusado no crime, produzido pelo orador, com o objetivo de causar sentimento de insegurança e o medo no auditório.

As estratégias argumentativas relacionadas à figura de autoridade foram divididas em duas subcategorias: o julgador, como pessoa competente e com prestígio, que representa uma instituição; o réu, pelo poder que exerce sobre a vítima, os familiares e a produção de provas.

A categoria das estratégias argumentativas relacionadas aos processos de ligação e dissociação desdobrou-se em duas subcategorias: processo de ligação; processo de dissociação. Essa categoria é fundamentada na nova retórica, conforme proposta de Perelman e Olbrechts-Tyteca[285]. Para os autores, o processo de ligação é baseado em argumentos de união, solidariedade que busca unir interesses. No processo de dissociação, há uma ruptura e/ou desprendimento entre a pessoa e os seus atos, para que o ponto de vista do auditório sobre a pessoa não seja conduzido para o ato ou que a opinião consolidada sobre o ato não afete a pessoa.

Nas discussões dos dados, observamos semelhanças nas estratégias retóricas que buscaram desconstruir a norma sobre prisões, com uso da autoridade que representa o Poder Judiciário para conduzir o auditório a interpretação inadequada e obter adesão pela paixão. A prisão pela gravidade do crime não encontra razão na norma, mas figurou como técnica e/ou prova retórica. Desse modo, o orador ressalta a gravidade com objetivo de alimentar sentimentos e emoções, para que o auditório se sinta em um universo de inquietações e angústia.

O temor social e/ou da vítima forja a necessidade da prisão, sem dar tempo para o auditório refletir sobre a questão: se é legítima, baseada na norma, o que está em questão, se há outra

---

[285] PERELMAN; OLBRECHTS-TYTECA, 2014.

forma de assegurar a proteção, entre outros fatores. A estratégia sustenta o discurso de endurecimento e força, bem como imprime no auditório valores relacionados ao *pathos*, que Meyer[286] chamou de dimensão retórica da interlocução.

As leis que tratam da prisão processual preventiva não permitem o cárcere em decorrência de perigos abstratos, como: a mudança do regime democrático, ocorrida no caso do deputado; a presunção de fuga do investigado ou reiteração do ato delituoso. Da mesma forma, não permite a segregação por temor da não aplicação da lei penal. Com isso, a impressão do medo possibilitou argumento de união, que buscou unir interesses, pois, se de um lado há prisão ilegal, de outro há a insegurança da sociedade, tutelada pela atitude do julgador.

A figura de autoridade, representada pelo julgador, utilizou-se de técnicas discursivas de aproximação, mediante atribuição de responsabilidade, ao afirmar que o decreto da prisão decorreu de cobrança da sociedade no rigor na apuração do fato criminoso e, também, por se apresentar como solução para os problemas apontados. Nessa perspectiva, o orador selecionou e articulou os argumentos pelas crenças e pelos valores do auditório, por meio de prova retórica que depende da convicção desse auditório, pelo plausível, socialmente justo, preferível e verossímil.

Além do prestígio do orador, há a exploração de instituições, como no caso do deputado federal, em que constou grafado no texto da decisão o nome STF em caixa alta, como quem, de forma incisiva, demonstrasse a qual poder pertencia e/ou o lugar retórico de onde falava. Tal artifício buscou deixar imperceptível a ilegalidade da prisão e reiterar o poder da instituição que sustentou a autoridade do ministro para decretar a prisão preventiva. Logo, o discurso proferido assume configuração e cria condições para que o auditório o julgue digno de fé.

Assim, percebemos que o julgador usa de sua autoridade institucional para criar regras que não estão presentes nas normas

---

[286] MEYER, 2018.

jurídicas, bem como criar uma retórica jurídica pautada no medo como elemento persuasivo central. É por meio da linguagem que se convence sobre a tese, assente em normas vigentes, e também se justifica o alargamento da norma para motivar decisão ilegal e alcançar a legitimidade do auditório. Entre os elementos utilizados, estão: atendimento ao clamor social ou da vítima; risco à ordem pública; risco de nova prática delitiva por parte do investigado. Com esses argumentos, o julgador colocou-se como pessoa experiente, que conhece os riscos e, por isso, solucionou o problema e/ou ameaça iminente.

Nosso caminho metodológico revelou ser necessário buscar, nos casos analisados, todos os apontamentos elencados na fundamentação teórica. A pesquisa alternou entre a análise das estratégias argumentativas e a comparação desses dados. Posteriormente, cada dado observado apresentava o modo como funcionava a estratégia argumentativa. Ao estabelecer as categorias de análise (medo, figura de autoridade e processos de ligação ou ruptura), consideramos nossos objetivos, hipóteses e aporte teórico. À medida que os dados apresentavam as categorias/subcategorias, nosso referencial teórico conduzia-se para a análise retórica.

A relevância desta pesquisa relaciona-se à importância da retórica jurídica ou forense no papel que exerce, o qual não deve ser compreendido como arte de produzir efeitos superficiais ou "falar bonito", seja na oralidade, seja na escrita, mas sim como uma técnica aplicada para desvelar a verdade, o mascaramento de fatos e falácias que podem servir a segregações cautelares preventivas.

Futuras investigações poderão apontar a retórica jurídica como um método que indique a boa aplicação da norma e/ou desvele artifícios da linguagem que contrariam normas socialmente construídas por discurso instituído em conflito com o discurso instituinte.

REFERÊNCIAS

AMARAL, Cláudio do Prado; SILVEIRA, Sebastião Sérgio da. **Prisão, liberdade e medidas cautelares no processo penal**: as reformas introduzidas pela Lei nº 12.403/2011 comentadas artigo por artigo. Leme: JH Mizuno, 2012.

ARISTÓTELES. **Retórica**. Tradução, textos adicionais e notas de Edson Bini. São Paulo: Edipo, 2011.

BATISTA, Vera Malaguti. A criminalização da pobreza. **Amaivos**. Disponível em: http://amaivos.uol.com.br/amaivos09/noticia/noticia. asp?cod_noticia=7098 id_canal=41. Acesso em: 10 ago. 2021.

BAUMAN, Zygmunt. **Medo líquido**. Rio de Janeiro: Zahar, 2008.

BECCARIA, Cesare. **Dos delitos e das penas**. Tradução de Torrieri Guimarães. 7. ed. São Paulo: Martim Claret, 2014.

BORDIEU, Pierre. **O poder simbólico**. Tradução de Fernando Tomaz. Rio de Janeiro: Bertrand Brasil, 1989.

BRASIL. **Constituição da República Federativa do Brasil de 1988**. Brasília: Presidência da República, 1988. Disponível em: http://www. planalto.gov.br/ccivil_03/constituicao/constituicao.htm. Acesso em: 8 jun. 2021.

BRASIL. **Declaração dos direitos do homem e do cidadão**. Disponível em: https://www.ufsm.br/pro-reitorias/pre/observatorio-de-direitos--humanos/wp-content/uploads/sites/414/2018/10/1789.pdf. Acesso em: 8 jun. 2021.

BRASIL. **Decreto-Lei nº 3.689, de 3 de outubro de 1941**. Rio de Janeiro: Presidência da República, 1941. Disponível em: http://www.planalto.gov. br/ccivil_03/decreto-lei/del3689.htm. Acesso em: 7 jun. 2021.

BRASIL. **Lei nº 7.960/89, de 21 de dezembro de 1989**. Dispõe sobre prisão temporária e Conversão da Medida Provisória nº 111, de 1989.

Disponível em: http://www.planalto.gov.br/ccivil_03/leis/l7960.htm. Acesso em: 7 jun. 2021.

BRASIL. **Lei nº 8.884, de 11 de junho de 1994.** Dispõe sobre a prevenção e a repressão às infrações contra a ordem econômica. Disponível em: http://www.planalto.gov.br/ccivil_03/leis/l8884.htm. Acesso em: 4 jul. 2022.

BRASIL. **Lei nº 12.403, de 4 de maio de 2011.** Altera dispositivos do Decreto-Lei nº 3.689, de 3 de outubro de 1941 - Código de Processo Penal, relativos à prisão processual, fiança, liberdade provisória, demais medidas cautelares, e dá outras providências. Disponível em: http://www.planalto.gov.br/ccivil_03/_ato2011-2014/2011/lei/l12403.htm. Acesso em: 11 jul. 2022.

BRASIL. **Lei nº 11.340, de 7 de agosto de 2006.** Cria mecanismos para coibir a violência doméstica e familiar contra a mulher, nos termos do § 8º do art. 226 da Constituição Federal, da Convenção sobre a Eliminação de Todas as Formas de Discriminação contra as Mulheres e da Convenção Interamericana para Prevenir, Punir e Erradicar a Violência contra a Mulher; dispõe sobre a criação dos Juizados de Violência Doméstica e Familiar contra a Mulher; altera o Código de Processo Penal, o Código Penal e a Lei de Execução Penal; e dá outras providências. Disponível em http://www.planalto.gov.br/ccivil_03/_ato2004-2006/2006/lei/l11340.htm. Acesso em: 4 jul. 2022.

BRASIL. **Lei nº 13.964, de 24 de dezembro de 2019.** Aperfeiçoa a legislação penal e processual penal. Disponível em: http://www.planalto.gov.br/ccivil_03/_ato2019-2022/2019/lei/L13964.htm. Acesso em: 7 jun. 2021.

CHEDIAK, Jackson. **Prisão preventiva:** reflexões a partir de seus limites jurídicos e de alguns casos concretos. 2017. Dissertação (Mestrado em Ciências Jurídicas e Sociais) – Universidade Federal Fluminense, Niterói, 2017.

CHAUI, Marilena de Souza. Sobre o medo. **Artepensamento:** ensaios filosóficos e políticos – IMS, 1987. Disponível em: https://artepensamento.ims.com.br/item/sobre-o-medo/?_sft_category=razao. Acesso em: 17 maio 2022.

CHIZZOTTI, Antonio. **Pesquisa em ciências humanas e sociais**. 5. ed. São Paulo: Cortez, 2000.

DELMANTO JUNIOR, Roberto. **As modalidades da prisão provisória e seu prazo de duração**. 2. ed. Rio de Janeiro: Renovar, 2001.

DEZEM, Guilherme Madeira. **Curso de processo penal**. 6. ed. São Paulo: Thomson Reuters, 2020.

DEZEM, Guilherme Madeira; SOUZA, Luciano Anderson de. **Comentários ao pacote anticrime Lei 13.964/2019**. São Paulo: Revista dos Tribunais, 2020.

DINAMARCO, Cândido R. Processo de conhecimento e liberdade. **Revista da Faculdade de Direito da Universidade de São Paulo-USP**, v. 80, p. 250-262, 1985.

FERREIRA, Luiz Antonio. Atos retóricos: do medo e da confiança. *In*: GOMES, Acir de Matos; MAGALHÃES, Ana Lúcia e ABUCHAIM, Cláudia Borragini (orgs.). **O suscitar das paixões**: a retórica de uma vida. São Paulo: Blucher, 2021a. p. 100-113.

FERREIRA, Luiz Antonio. Contornos retóricos do medo. *In*: GOMES, Acir de Matos; MAGALHÃES, Ana Lúcia e ABUCHAIM, Cláudia Borragini (orgs.). **O suscitar das paixões**: a retórica de uma vida. São Paulo: Blucher, 2021b. p. 114-126.

FERREIRA, Luiz Antonio. **Leitura e persuasão**. São Paulo: Contexto, 2017.

FIGUEIREDO, Maria Flávia; GERARDO, Ramírez Vidal; FERREIRA, Luiz Antonio (orgs.). **Paixões aristotélicas**. Franca: Unifran, 2017 (Foco: linguística do texto e do discurso, 2).

FIORIN, José Luiz. **Argumentação**. São Paulo: Contexto, 2020.

FLICK, Uwe. Introdução à coleção pesquisa qualitativa. *In*: GIBBS, Grahan. **Análise de dados qualitativos**. Porto Alegre: Artmed, 2009.

KATO, Maria Ignez Lanzallotti Baldez. **A (des)razão da prisão provisória**. Rio de Janeiro: Lumen Juris, 2005.

KOCH, Ingedore Grunfeld Villaça. **Argumentação e linguagem**. 13. ed. São Paulo: Cortez, 2011.

LAKATOS, Eva Maria; MARCONI, Marina de Andrade. **Fundamentos de metodologia científica**. São Paulo: Atlas, 2017.

LIMA, Renato Brasileiro de. **Manual de processo penal**. Bahia: Jus Podivm, 2014.

MATEUS, Samuel. **A introdução à retórica no séc. XXI**. Covilhã: Labcom-IFP, 2018.

MORAES, Alexandre de. **Direito constitucional**. São Paulo: Atlas, 2013.

NUCCI, Guilherme de Souza. **Manual de processo penal**. 2. ed. Rio de Janeiro: Forense, 2021.

NUCCI, Guilherme de Souza. **Prisão e liberdade**: de acordo com a Lei 12.403/2011. 2. ed. São Paulo: Revista dos Tribunais, 2012.

NUNES JUNIOR, Flávio Martins Alves. **Direito constitucional**: remédios constitucionais. São Paulo: Revista dos Tribunais, 2009.

OLIVEIRA, Eugênio Pacelli de. **Curso de processo penal**. 18. ed. São Paulo: Atlas, 2014.

OLIVEIRA, Eugênio Pacelli de. **Curso de processo penal**. 25. ed. São Paulo: Atas, 2021.

OLIVEIRA, Eugênio Pacelli de; FISCHER, Douglas. **Comentários ao código de processo penal e sua jurisprudência**. 7. ed. São Paulo: 2014.

PASTANA, Debora Regina. Cultura do medo. **Cadernos de Campo [do] Programa de Pós-Graduação em Sociologia**, n. 10, p. 71-82, 2004. Disponível em: https://periodicos.fclar.unesp.br/cadernos/issue/view/651/179. Acesso em: 17 maio 2022.

PERELMAN, Chaim; OLBRECHTS-TYTECA, Lucie. **Tratado da argumentação**. Tradução de Maria Ermantina de Almeida Prado Galvã. 3. ed. São Paulo: Martins Fontes, 2014.

REBOUL, Olivier. **Introdução à retórica**. São Paulo: Martins Fontes, 2004.

SEVERINO, Antônio Joaquim. **Metodologia do trabalho científico**. 24. ed. São Paulo: Cortez, 2016.

SIQUEIRA, João Hilton Sayeg; MATTOS, Tiago Ramos. O ethos em uma autobiografia poética. *In*: FERREIRA, Antonio Luiz (org.). **Inteligência retórica**: o ethos. São Paulo: Bucher, 2019. p. 63-76.

TÁVORA, Nestor; ALENCAR, Rosmar Rodrigues. **Curso de direito processual penal**. Bahia: Jus Podivm, 2014.

TORNAGHI, Hélio. **Compêndio de processo penal**. Rio de Janeiro: José Konfino, 1967. t. 4.

TOURINHO FILHO, Fernando da Costa. **Prática de processo penal**. 35. ed. São Paulo: Saraiva, 2014.

TRINGALI, Dante. **A retórica antiga e as outras retóricas**: a retórica como crítica literária. São Paulo: Musa, 2014.

WINDHOLZ, Davi. Ideologia do medo e demonização do outro semeiam o ódio entre judeus e palestinos. **Sul**, v. 21, 2015.